陳福成著

陳福成著作全編

第三十冊　我們的春秋大業

文史哲出版社印行

國家圖書館出版品預行編目資料

陳福成著作全編 / 陳福成著. -- 初版. --臺北市：文史哲,民 104.08
頁： 公分
ISBN 978-986-314-266-9（全套：平裝）

848.6　　　　104013035

陳福成著作全編

第三十冊　我們的春秋大業

著　者：陳　福　成
出版者：文　史　哲　出　版　社
http://www.lapen.com.tw
登記證字號：行政院新聞局版臺業字五三三七號
發行人：彭　正　雄
發行所：文　史　哲　出　版　社
印刷者：文　史　哲　出　版　社
臺北市羅斯福路一段七十二巷四號
郵政劃撥帳號：一六一八〇一七五
電話886-2-23511028・傳真886-2-23965656

全 80 冊定價新臺幣 36,800 元

二〇一五年（民一〇四）八月初版

ISBN 978-986-314-266-9　　08981

陳福成著作全編總目

壹、兩岸關係

①決戰閏八月
②防衛大台灣
③解開兩岸十大弔詭
④大陸政策與兩岸關係

貳、國家安全

⑤國家安全與情治機關的弔詭
⑥國家安全與戰略關係
⑦國家安全論壇。

參、中國學四部曲

⑧中國歷代戰爭新詮
⑨中國近代黨派發展研究新詮
⑩中國政治思想新詮
⑪中國四大兵法家新詮：孫子、吳起、孫臏、孔明

肆、歷史、人類、文化、宗教、會黨

⑫神劍與屠刀
⑬中國神譜
⑭天帝教的中華文化意涵
⑮奴婢妾匪到革命家之路：復興廣播電台謝雪紅訪講錄
⑯洪門、青幫與哥老會研究

伍、詩〈現代詩、傳統詩〉、文學

⑰幻夢花開一江山
⑱赤縣行腳・神州心旅
⑲「外公」與「外婆」的詩
⑳尋找一座山
㉑春秋記實
㉒性情世界
㉓春秋詩選
㉔八方風雲性情世界
㉕古晟的誕生
㉖把腳印典藏在雲端
㉗從魯迅文學醫人魂救國魂說起
㉘六十後詩雜記詩集

陸、現代詩（詩人、詩社）研究

㉙三月詩會研究
㉚我們的春秋大業：三月詩會二十年別集
㉛中國當代平民詩人王學忠
㉜讀詩稗記
㉝嚴謹與浪漫之間
㉞一信詩學研究：解剖一隻九頭詩鵠
㉟囚徒
㊱胡爾泰現代詩臆說
㊲王學忠籲天詩錄

柒、春秋典型人物研究、遊記

㊳山西芮城劉焦智「鳳梅人」報研究
㊴在「鳳梅人」小橋上

總序：陳福成的一部文史哲政兵千秋事業

陳福成先生，祖籍四川成都，一九五二年出生在台灣省台中縣。筆名古晟、藍天、司馬千、鄉下人等，皈依法名：本肇居士。一生除軍職外，以絕大多數時間投入寫作，範圍包括詩歌、小說、政治（兩岸關係、國際關係）、歷史、文化、宗教、哲學、兵學（國防、軍事、戰爭、兵法），及教育部審定之大學、專科（三專、五專）、高中（職）等各級學校國防通識（軍訓課本）十二冊。以上總計近百部著作，目前尚未出版者尚約二十部。

我的戶籍資料上寫著祖籍四川成都，小時候也在軍眷長大，初中畢業（民57年6月），投考陸軍官校預備班十三期，三年後（民60）直升陸軍官校正期班四十四期，民國六十四年八月畢業，隨即分發野戰部隊服役，到民國八十三年四月轉台灣大學軍訓教官。到民國八十八年二月，我以台大夜間部（兼文學院）主任教官退休（伍），進入全職寫作高峰期。

我年青時代也曾好奇問老爸：「我們家到底有沒有家譜？」

他說：「當然有。」他肯定說，停一下又說：「三十八年逃命都來不及了，現在有個鬼啦！」

兩岸開放前他老人家就走了，開放後經很多連繫和尋找，真的連鬼都沒有了，茫茫無垠的「四川北門」，早已人事全非了。

但我的母系家譜卻很清楚，母親陳蕊是台中縣龍井鄉人。她的先祖其實來台不算太久，按家譜記載，到我陳福成才不過第五代，大陸原籍福建省泉州府同安縣六都施盤鄉馬巷。

第一代祖陳添丁、妣黃媽名申氏。從原籍移居台灣島台中州大甲郡龍井庄龍目井字水裡社三十六番地，移台時間不詳。陳添丁生於清道光二十年（庚子，一八四〇年）六月十二日，卒於民國四年（一九一五年），葬於水裡社共同墓地，坐北向南，他有二個兒子，長子昌，次子標。

第二代祖陳昌（我外曾祖父），生於清同治五年（丙寅，一八六六年）九月十四日，卒於民國廿六年（昭和十二年）四月二十二日，葬在水裡社共同墓地，坐東南向西北。陳昌娶蔡匏，育有四子，長子平、次子豬、三子波、四子萬芳。

第三代祖陳平（我外祖父），生於清光緒十七年（辛卯，一八九一年）九月二十五日，卒於（年略記）二月十三日。陳平娶彭宜（我外祖母），生光緒二十二年（丙申，一八九六年）六月十二日，卒於民國五十六年十二月十六日。他們育有一子五女，長子陳火，長女陳變、次女陳燕、三女陳蕊、四女陳品、五女陳鶯。

以上到我母親陳蕊是第四代，到筆者陳福成是第五代，與我同是第五代的表兄弟姊妹共三十二人，目前大約半數仍在就職中，半數已退休。

寫作是我一輩子的興趣，一個職業軍人怎會變成以寫作為一生志業，在我的幾本著作都詳述（如《迷航記》、《台大教官興衰錄》、《五十不惑》等」。我從軍校大學時代開始寫，從台大主任教官退休後，全力排除無謂應酬，更全力全心的寫（不含為教育部編著的大學、高中職《國防通識》十餘冊）。我把《陳福成著作全編》略為分類暨編目如下：

壹、兩岸關係

①《決戰閏八月》②《防衛大台灣》③《解開兩岸十大弔詭》④《大陸政策與兩岸關係》。

貳、國家安全

⑤《國家安全與情治機關的弔詭》⑥《國家安全與戰略關係》⑦《國家安全論壇》。

參、中國學四部曲

⑧《中國歷代戰爭新詮》⑨《中國近代黨派發展研究新詮》⑩《中國政治思想新詮》⑪《中國四大兵法家新詮：孫子、吳起、孫臏、孔明》。

肆、歷史、人類、文化、宗教、會黨

⑫《神劍與屠刀》⑬《中國神譜》⑭《天帝教的中華文化意涵》⑮《奴婢妾匪到革命家之路：復興廣播電台謝雪紅訪講錄》⑯《洪門、青幫與哥老會研究》。

伍、詩〈現代詩、傳統詩〉、文學

⑰《幻夢花開一江山》⑱《赤縣行腳・神州心旅》⑲《「外公」與「外婆」的詩》、⑳《尋找一座山》㉑《春秋記實》㉒《性情世界》㉓《春秋詩選》㉔《八方風雲性情世界》㉕《古晟的誕生》㉖《把腳印典藏在雲端》㉗《從魯迅文學醫人魂救國魂說起》㉘《60後詩雜記詩集》。

陸、現代詩（詩人、詩社）研究

㉙《三月詩會研究》㉚《我們的春秋大業：三月詩會二十年別集》㉛《中國當代平民詩人王學忠》㉜《讀詩稗記》㉝《嚴謹與浪漫之間》㉞《一信詩學研究：解剖一隻九頭詩鵠》㉟《囚徒》㊱《胡爾泰現代詩臆說》㊲王學忠籲天詩錄。

柒、春秋典型人物研究、遊記

㊳《山西芮城劉焦智「鳳梅人」報研究》㊴《在「鳳梅人」小橋上》㊵《我所知道的孫大公》㊶《孫大公思想主張手稿》㊷《金秋六人行》㊸《漸凍勇士陳宏》。

捌、小說、翻譯小說

㊹《迷情・奇謀・輪迴》㊺《愛倫坡恐怖推理小說》。

玖、散文、論文、雜記、詩遊記、人生小品

㊻《一個軍校生的台大閒情》㊼《古道・秋風・瘦筆》㊽《頓悟學習》㊾《春秋正義》㊿《公主與王子的夢幻》(51)《迴游的鮭魚》(52)《男人和女人的情話真話》(53)《台灣邊陲之美》(54)《最自在的彩霞》(55)《梁又平事件後》。

拾、回憶錄體

(56)《五十不惑》(57)《我的革命檔案》(58)《台大教官興衰錄》(59)《迷航記》(60)《最後一代書寫的身影》(61)《我這輩子幹了什麼好事》(62)《那些年我們是這樣寫情書的》(63)《那些年我們是這樣談戀愛的》(64)《台灣大學退休人員聯誼會第九屆理事長記實》。

拾壹、兵學、戰爭

(65)《孫子實戰經驗研究》(66)《第四波戰爭開山鼻祖賓拉登》。

拾貳、政治研究

(67)《政治學方法論概說》(68)《西洋政治思想概述》(69)《中國全民民主統一會北京行》(70)《尋找理想國：中國式民主政治研究要綱》。

拾參、中國命運、喚醒國魂

(71)《大浩劫後：日本311天譴說》、《日本問題的終極處理》(72)《台大逸仙學會》。

拾肆、地方誌、地區研究

(73)《台北公館台大地區考古・導覽》(74)《台中開發史》(75)《台北的前世今生》(76)《台北公館地區開發史》。

拾伍、其他

(77)《英文單字研究》(78)《與君賞玩天地寬》（別人評論）(79)《非常傳銷學》(80)《新領導與管理實務》。

我這樣的分類並非很確定，如《謝雪紅訪講錄》，是人物誌，但也是政治，更是歷史，說的更白，是兩岸永恆不變又難分難解的「本質性」問題。

以上這些作品大約可以概括在「中國學」範圍，如我在每本書扉頁所述，以「生長在台灣的中國人為榮」，以創作、鑽研「中國學」，貢獻所能和所學為自我實現的途徑，以宣揚中國春秋大義、中華文化和促進中國和平統一為今生志業，直到生命結束。我這樣的人生，似乎滿懷「文天祥、岳飛式的血性」。

抗戰時期，胡宗南將軍曾主持陸軍官校第七分校（在王曲），校中有兩幅對聯，一是「升官發財請走別路、貪生怕死莫入此門」，二是「鐵肩擔主義、血手寫文章」。前聯原在廣州黃埔，後聯乃胡將軍胸懷，「鐵肩擔主義」我沒機會，但「血手寫文章」的

「血性」俱在我各類著作詩文中。

人生無常，我到六十三歲之年，以對自己人生進行「總清算」的心態出版這套書。

回首前塵，我的人生大致分成兩個「生死」階段，第一個階段是「理想走向毀滅」，年齡從十五歲進軍校到四十三歲，離開野戰部隊前往台灣大學任職中校教官。第二個階段是「毀滅到救贖」，四十三歲以後的寫作人生。

「理想到毀滅」，我的人生全面瓦解、變質，險些遭到軍法審判，就算軍法不判我，我也幾乎要「自我毀滅」；而「毀滅到救贖」是到台大才得到的「新生命」，我積極寫作是從台大開始的，我常說「台大是我啟蒙的道場」有原因的。均可見《五十不惑》、《迷航記》等書。

我從年青立志要當一個「偉大的軍人」，為國家復興、統一做出貢獻，為中華民族的繁榮綿延盡個人最大之力，卻才起步就「死」在起跑點上，這是個人的悲劇和不智，正好也給讀者一個警示。人生絕不能在起跑點就走入「死巷」，切記！切記！讀者以我為鑒！在軍人以外的文學、史政有這套書的出版，也算是對國家民族社會有點貢獻，對自己的人生有了交待，這致少也算「起死回生」了！

順要一說的，我全部的著作都放棄個人著作權，成為兩岸中國人的共同文化財，而台北的文史哲出版有優先使用權和發行權。

這套書能順利出版，最大的功臣是我老友，文史哲出版社負責人彭正雄先生和他的夥伴們。彭先生對中華文化的傳播，對兩岸文化交流都有崇高的使命感，向他和夥伴致上最高謝意。

台北公館蟾蜍山萬盛草堂主人　陳福成　誌於二〇一四年

五月榮獲第五十五屆中國文藝獎章文學創作獎前夕

自序：三月詩會二十年的一些感想

人生名世，或以立言，或以立德，更有立功。然能三者均圓滿而得者，古來蓋寡也。

這是當然，否則豈不滿街聖人偉人了。但余亦以為，那是宇宙間最高層次的標準，即帝王將相、聖賢豪傑、高僧大德，及大總統主席等之標準，他們所要的才是「立言立德立功」的圓滿聖界。這種標準不適用於我等凡夫「雅」子，吾人不會有這種天命。

吾等雖不用聖賢標準，不表示我們不追求那種價值。近代中國紅羊浩劫不斷，無數子民流落世界各地，三月詩會詩人（成立以來絕大多數），因緣際會漂流到這南蠻小島；半個多世紀以來，以拓荒者的精神，在這裡「種詩育詩」寫詩，大樹詩風於神州之邊陲，且幾乎要使邊陲成核心，此種難行能行詩道於孤臣孽子之境。如此，雖未進三不朽之廟堂，其論言、德、功、仍有筆之於書的春秋「小」業！（草於二〇一二年元月，馬英九勝選之夜。）

所謂「大、小」，其實只是一種相對概念，也有對象限制的不同。例如，獨派的「暴力小英」蔡英文落選，對她是天大的事，對我是不值一提的小事；政客們也常說「人民的小事是政府的大事。」是故，大小看對誰而言，寫詩論詩宏揚詩道，對三月詩會詩人言就是春秋大業，這條路上堅持一生，能說毫無「立言、立德、立功」嗎？在我看來，三月詩會詩人都做到了，不同的程度上。（草於二〇一二年二月八日中國詩歌藝術學會春酒後）

一大早的新聞報導鳳飛飛走了，我很震驚，她幾乎和我同時代同時長大的，她的處事風格（謙卑、體貼、親切），我最為欣賞，不久前才和太太去聽她的演唱會，怎麼說走就走了。才六十歲不到。聽著報導她的「豐功偉業」，我眼角流下了熱淚，她的遺言說：「這一生活的快樂，過的精彩，來不及唱的歌，下輩子再獻給你。」多麼的灑脫！她是元月三日過逝（依新聞報導），正是過年前，她臨終還體貼著粉絲，不要影響大家春節心情，直到辦了後事才公佈。

這些年不少大人物突然就不見了，如王永慶、廖風德、鄧麗君……我們詩會的許運超……同學、朋友，不斷印證著佛法的真理「世事無常、緣起緣滅」；我們所擁有的、所見所持，都隨時會瞬間緣滅。這也讓我想到，要把三月詩會的點滴記錄下來，留一點算一點！（寫於二〇一二年 二月十四日情人節晚上、新聞首次報導鳳飛飛逝世之日。）

鳳飛飛走了，我確實感傷，本來她和我天高皇帝遠，我何來感傷？我算是聽她的歌長大的人，不久前又去聽她的演唱會，一個人到「天后」級還能保有謙卑心、純真心，是深值敬佩的。鳳飛飛就是這樣一個可敬的歌手，快六十歲，在台灣算還年青的，怎的突然就走了。三月詩會將於三月三日雅聚，我寫一首送別鳳姐的詩在會中誦讀，見本書第三篇。（草於二月二十二日）

自從去年（二〇一一）四月，我在詩會中公開宣佈，三月詩會二十年我將為本會再出一本紀念集，這回以大家的「春秋大業」為主述。我亦真誠實在的說，人對自己的春秋大業通常不好說，總謙稱自己虛度了一生，那有什麼春秋大業？是故，我來幫大家說，寫大家的春秋大業。這是一個「自我清算」的時代，必須在我們「清醒」的時候，盡快把自己的一生做完整的「整理」，等到兩腿一蹬走了，那些自己認為寶貝的作品，鐵定被當成垃圾，全都清到垃圾場，好些的去舊書攤等。為此，請大家把自己有關資料提供給我，我幫大家清理！

我的動機說明公佈後，給我最多資料的是丁穎先生，其次是謝輝煌、關雲等諸君，我把他們給我的「水泥、石子、沙」加水，攪拌成一篇篇完整可讀的文章，原料幾乎沒浪費，能用的全用上！也感謝麥穗、謝輝煌同意把他們的作品用來添增本書的光彩。

第三篇的編成，著眼於保存三月詩會詩人的作品，包含手稿詩、二十年賀詩及近年代表作。原則上取材盡可能完整，把握用多不用少。因為出版一本書甚為不易，彰顯、保存並促其流傳，是我出版本書的核心思維。

三月詩會**陳福成**序於二〇一二年
春之吉日，台北蟾蜍山萬盛草堂。

我們的春秋大業

——三月詩會二十年別集

目　次

第二篇　別論：詩國閒話有春秋……一二三

三月詩會2012年元月7日在真北平餐廳聚會。
前排左起：潘皓、王幻、謝輝煌、麥穗、關雲、狼跋、丁潁。
後排左起：傅予、金筑、林靜助、蔡信昌、童佑華、台客、陳福成、文林。

左起：謝輝煌、關雲、晶晶、童佑華，2008 年 11 月 29 日。

2010 年 7 月 19 日到烏來拜訪麥穗。
左起：蔡信昌、陳福成、麥穗、關雲、一信、謝輝煌。

參加 2008 年 3 月 2 日春節藝文界聯誼。前排左起：魯蛟、謝輝煌、陳福成；
後排左起：曾美霞、落蒂、一信、林芙蓉。

左起：徐世澤、潘皓、林恭祖、林靜助

關雲和女兒玉潔

已有兩本詩集的作者，關雲女兒宗玉潤

關雲和晶晶

關雲（右二）和好友們

丁穎榮獲「中華英才」獎，在人民大會堂接受國家領導人頒獎。

1989 年丁穎率團祭黃陵，參觀西安法門寺地宮佛指，由該寺住持方丈陪同。

左圖：一九八九年丁穎帶團到西安祭黃陵，在「橋山龍馭」前留影。

下圖：一九八八年丁穎到北京大學拜訪陳鼓應合影。

第一篇　本論：我們的春秋大業

第一章　三月詩會詩人近兩年參與雅聚情況統計

三月詩會詩人二十年來參與雅聚情況，在二〇一〇年十二月出版的《三月詩會研究：春秋大業十八年》，第七章有完整的歷年統計，該章第四表統計到二〇一〇年六月。如今又過快要兩年！時間啊！白駒過隙，人事啊！白雲蒼狗，值得安慰的是三月詩會詩人啊！沒有白做工！

這兩年，將軍詩人許運超走了，一信先生自從二〇一一年四月來會參與雅聚，至今我寫本文（二〇一二年二月中旬），他都因病在家休養，只能祝福他早日康復。

好家在！來了兩位生力軍，台客（廖振卿）和狼跋（游秀治），這兩位一定能振興三月詩會。另外，米斗在天津成立了三月詩會（見本書寫米斗一文），這也是讓人鼓舞的事，難說未來沒有北京、成都、黑龍江……的三月詩會。

三月詩會要邁入第二十年，這在台灣詩壇是「極不簡單」的事，沒有聽過有何種團體是無組織架構，沒有會長秘書長等角色編組，而能維持數十年，且月月聚會，按時繳交作業（詩作），每幾年出版詩歌合集！未之有也，只有三月詩會是「天下的唯一」！

為紀念這難得二十年，才有本書的構想誕生。在參與詩會的情況，接續上一本書，本書從二〇一〇年七月到二〇一二年二月，二十個月，整理成如下兩個統計表。

表一：自民國九十九年七月到一百年六月

三月詩會詩人歷年參加雅聚統計

◎：當月輪值　○：人到參加

編號	姓名	二〇一〇年（民九十九）7	8	9	10	11	12	二〇一一年（民一〇〇）1	2	3	4	5	6	總次數
1	麥穗	○	○	○	○		○	○	◎	○	○			9
2	閔雲	○	○	○	○		○							5
3	晶晶	○	○	◎	○		○	○		○	○		○	9
4	童佑華	○	○	○	◎		○	○	○	○			○	9
5	一信	○	○	○	○		○	○	○		○			8
6	潘皓	◎		○	○		○	○	○	○	○		○	9
7	傅予			○	○		○	○	○	○	○			
8	徐世澤	○	○	○	○		○	○	○	○	○		○	10
9	王幻	○		○	○				○	○	◎		○	7
10	文林	○	◎	○	○									4
11	謝輝煌	○	○	○	○		○	○	○	○	○		○	10
12	金筑	○	○	○			○	○	○		○		○	8
13	許運超													
14	蔡信昌	○	○	○	○		○	◎	○	○	○		○	10
15	雪飛	○	○	○			◎	○	○	○	○		○	9
16	林靜助	○		○	○		○	○	○	○			○	8
17	陳福成	○	○	○			○	○	○		○		○	8
18	丁潁	○	○	○					○	◎	○		○	7
19	台客													
20	狼跋													
	總人數	16	13	17	13		14	13	14	12	13		12	

註：許運超於二〇一〇年六月去大陸，後生病回台到過逝均未再參加。一信因病在家休養，最近一次參加是一百年四月。

表二：自民國一百年七月到一百零一年二月

三月詩會詩人歷年參加雅聚統計

◎：當月輪值
○：人到參加

年	月	1 麥穗	2 閔雲	3 晶晶	4 童佑華	5 一信	6 潘皓	7 傅予	8 徐世澤	9 王幻	10 文林	11 謝輝煌	12 金筑	13 蔡信昌	14 雪飛	15 林靜助	16 陳福成	17 丁穎	18 台客	19 狼跋	總人數
二〇一一年(民一〇〇)	7	○	○	○	○		○	○	○	○		○	◎	○		○	○	○			14
	8	○	◎	○	○		○		○			○		○		○		○			10
	9	○	○	○	○			○	○	○	○	○	○	○	○	○	◎				14
	10	○	○	○	○		◎	○	○	○		○	○	○	○	○	○	○	○		16
	11	○	○	◎	○		○	○		○	○	○		○	○			○	○		13
	12	○	○	○	○		○	○		○		○	○	○	○		○	○	◎	○	15
二〇一二年(民一〇一)	1	○	○		◎		○	○		○	○	○	○	○		○	○	○	○	○	15
	2	○	○		○		○	○				○			○	○	○	○	○	◎	12
	3																				
	4																				
	5																				
	6																				
總次數																					

註：百年十月有貴賓周伯乃和盧傳州。

前面兩表未標示參加雅聚的貴賓，民國九十九年八月貴賓方心豫，百年六月貴賓張苗僑、十月貴賓是周伯乃和盧傳洲。

三月詩會雖有專用一本簽到簿，早已建立簽到習慣。

但也常有失誤，如這兩年，九十九年十一月只寫著「六日星期六召集人林靜助 詩題自訂」，此外未見有人簽名。難不成這次三月詩會只到了召集人一人？當然不是，一定是忘了（忘帶簽名簿，簽另紙忘了貼回）。而百年五月更是連「鬼」都沒有，六月簽在別處，可見詩會仍有改進空間。

三月詩會在運作上一向正常，輪值表由麥穗排好照輪。二〇一一年九月三日雅聚由我召集，提議「凡要加入本會者，於當事人蒞臨與大家見面後，下次由他作東，再依原輪值表輪下去。」經表決全體通過，記錄於簽到簿，未來均照辦。

前面兩表，表一有兩個月沒有簽到記錄（民99年11月和100年5月），經查問可能忘帶簽到簿，簽於別紙未貼上。按表一，徐世澤和蔡信昌出席率最高，次為麥穗、晶晶、童佑華、潘皓、雪飛。

表二有了兩位新成員，台客第一次參加是民國百年十月，狼跋第一次是百年十二月。按表二，到二〇一二年二月止，本會有成員十九人，平均每次到會約十五人。

第二章 三月詩會「修理廠」廠長謝輝煌

——張繼、寒山子詩作研究專家

文人寫東西真的超厲害，什麼都能寫，有的寫「其大無外」，有寫的「其小無內」、「其深無底」……台大有位老教授專研究楓樹的葉子，寫了幾本書。還有一位老教授，專研究鴨毛也寫了幾本書（據聞：他大學讀動物係，碩士時範圍縮小到只研究鴨子，到博士又縮小範圍，研究鴨毛，據說後來又更縮小範圍……），還好他不是走「烏龜路線」，否則豈不成了「龜毛博士」！

本文要研究的這位三月詩會「修理廠」廠長，謝輝煌老大哥，是本會創會目前仍在會的「四大元老」之一（新更正為五大

> **寒山寺除夕聽鐘聲 網友熱情轉貼**
>
> 【本報綜合報導】大陸江蘇省蘇州市旅遊局日前宣布，蘇州寒山寺除夕聽鐘聲活動將於三十一日晚舉行，而從八日起，「寒山寺新年祈福」活動訊息張貼在各大入口網站，顯示傳統文化用心迎接網路時代。
>
> 蘇州市旅遊局官員表示，寒山寺除夕聽鐘聲將舉辦亮燈祈福、梵唄音樂會、香讚、敲一百零八響鐘聲等系列活動，為讓遊客深入體會歷史文化，寒山寺還展出包括山門夕照、寒拾問道、和合祖庭、楓橋夜泊等的「十二勝景圖」。
>
> 活動訊息在網路張貼後，有網友轉發、回覆，「每次獲知寒山寺新年聽鐘聲活動，就知道舊的一年要過去了，新的一年要到來了。於是，就會想一想過往，盼一盼將來。」還有網友說：「忙忙碌碌一年了，轉眼間新的一年即將來臨，老蘇州人新蘇州人都喜歡新年到寒山寺聽鐘聲，為家人、為朋友祈福，祈禱一年比一年好。」
>
> 寒山寺新年聽鐘聲活動是中國歷史最悠久的除舊迎新盛會，亦成為大陸最著名的旅遊慶典之一。
>
> 人間福報 一〇一、十二、十三

元老，後述），現代詩和古典詩詞他都拿手，在兩岸文壇也算小有名氣。而且在網路上至今仍有人在懷念他，想一些謝大哥早年在部隊當軍官的情境，不信你可在電腦鍵入「謝輝煌」三個字，有「勇敢表白的軍官」一串文章：

……以前我服務於特種作戰部隊，部隊裡有一位叫做謝輝煌少校通信官，閒暇之餘他十分勤於寫作，經常投稿各大刊物，獲得刊出，他的作品以散文、詩詞、遊記等居多……

在部隊裡當人長官，等到都散夥之後，通常被罵的居多（我軍職三十多年的經驗），因為長官不好當。幾十年了還有人懷念，說幾句佳言，代表你當人長官或身為同事是成功的。這確實，這幾年我在三月詩會亦深有所感，誰的作品有缺失或有佳作，謝大哥一定很客氣的指出共勉，所以他以前是負責盡職的長官，現在則是三月詩會中負責盡職的「廠長」。

謝大哥當了二十年三月詩會會員，他是創會元老，出席率一向很高（見我另著《三月詩會研究》），他還有一項「職責」（三月詩會無正式組織，故職責亦非正式），三月詩會歷次詩集出版，他主動先寄贈有關單位，以擴大宣揚三月詩會各家詩作。如這份保留的公文，八十五年出版《三月交響》詩集，謝大哥先寄贈國防部，獲當時總政治作戰部杜上將欣賞，交辦訂購二百本（見公文）。本會以有謝輝煌先生為「終身會員」，是三月詩會無尚的光榮。

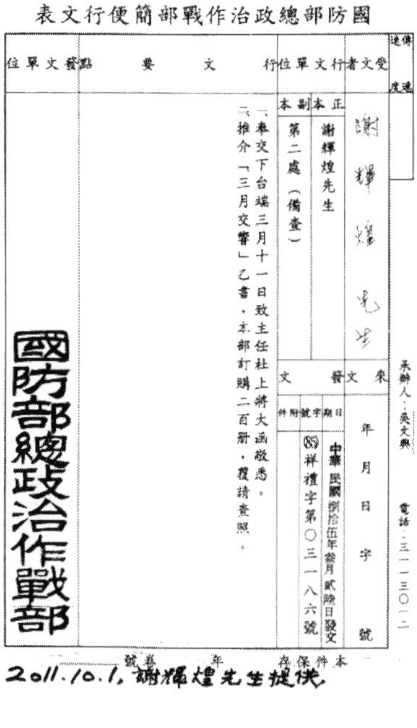
國防部總政治作戰部簡便行文表

傳遞速度	受文者	行文單位	行文要點	發文單位
	謝輝煌先生	正本：謝輝煌先生 副本：第二處（備查）	一、奉交下台端三月十一日致主任杜上將大函敬悉。 二、推介「三月交響」乙書，本部訂購二百冊，覆請查照。	國防部總政治作戰部
	來文：年　月　日　字　號	發文：日期：中華民國捌拾伍年叁月貳陸日發文 字號：(85)祥禮字第〇三一八六號 附件：		

承辦人：吳文興　電話：三一一三〇一二

本件保存　年　卷號

2011.10.1.謝輝煌先生提供

但我寫本文重點，是要針對他在文學領域中，有一部他很專精深入的小地方，他做了很深的研究，有關寒山寺烏啼詩，那詩中的一點點東西、幾個字。

話從我國大唐時代說起，安史之亂後不久，詩人張繼到了蘇州，觸景傷情寫下千古名詩「夜泊松江」（後人把詩題改成「楓橋夜泊」），這是一首七絕：

月落烏啼霜滿天，江楓漁火對愁眠；
姑蘇城外寒山寺，夜半鐘聲到客船。

歷史上對這首詩的研究討論作品甚多，有針對歷史背景、天文地理、時間氣候，乃至「烏啼」、「霜滿天」、「夜半鐘聲」……其質疑，正反論述等各類作品，可能合集成幾大冊，成為「楓橋夜泊大全」或「寒山寺百科全書」。但謝輝煌對這首詩的研究，甚為獨到，我根據謝大哥給我他的四篇研究，略述他研究這首詩（含一些週邊「產業」）之專精。

談談「楓橋夜泊」中的那枚「月」

原來這首「楓橋夜泊」早已被許多人研究遍了，唯獨詩中那「月」字尚無人問津。按謝君認為，歷史上「月輪非常明亮」深感質疑。用「月輪非常明亮」來描繪那枚「月」的形貌，就已先驗地將那枚「月」標定為「月望」時（農曆每月十三至十七）的「滿月」了。因為，只有在那個期間的月亮，形狀才會像「輪」子那麼圓（古人以「玉盤」、「冰輪」來形容），而月亮所反射出來的光度，也才稱得上「非常明亮」。不到或超過了那個期間，月形就缺了一塊，光度當然也就「不非常明亮」了。

但是，上述的「標定」有沒有討論的空間呢？答案是：「有！」。因為，詩中的那枚「月」，是「夜半」時的「落月」，而不是天明時的「落月」，兩者的差別很大。

但到底，那一種「月」是「夜半」時「落」土的呢？謝大哥的答案是「上弦月」。有答案也要有個說法，就像解數學題目，光寫出答案沒分（因可能抄來的），要把答案來源寫清楚。為該「月」，謝君提出三個研究證據：

證據一：《環華百科全書．月球》條說：「上弦月時，月球中午才升起，半夜即落下。下弦月時，半夜月出，中午月落。」

證據二：軍事訓練課程中，有「方位判定」的科目。筆者早年受訓時，教官就研發了一隻口訣，其中有「上弦缺東中午東，黃昏正中午夜西。下弦缺西中午西，黃昏不見午夜東。」

證據三：交通部中央氣象局編的《天文日曆．月出月沒時刻》。以二〇〇九年台南的「月出月沒時刻」為例，十一月廿五日，農曆十月初九為「上弦」，「月出時刻」為十二時十九分，「月沒時刻」為廿四時廿二分（實為零時廿二分）。

（按：本年農曆九月初六為「霜降」，重陽節為「上弦」，是日「月出月沒時刻」分別為「12.40/23.59」，也接近「中午月出，午夜月落」的說法。由於詩中有「霜滿天」，故推進到以十月初九的「上弦」為例。又，「月出月落時刻」與該地區所處經度有關，因蘇州和台南同在東經120度12分左右，故以台南的「月出月沒時刻」來代替。）

無論從那一條證據來看，〈楓橋夜泊〉詩中的那枚「月」，都可確定是「上弦月」。既是「上弦月」，月形便是鐮刀似的半圓形，而光度也就較「滿月期」少了一半了。因此，用「月輪非常明亮」來形容這首詩中的月形月貌，便大大的失誤了。而說詩者之所以有這樣的失誤，原因之一，是誤把這個「月落烏啼」，和曹操〈短歌行〉中的「月明星稀，烏鵲南飛」聯想在一起，並把張繼筆下的那枚「月」看成了「滿月」。原因之二，是說詩者在賞析「月落烏啼」這個景象的時候，忽略了此詩末句中「夜半」這個點明了時間，且能影響全詩賞析深度的關鍵詞。或者可以說，是說詩者在面對「月落」這一景象時，缺乏對時間的敏感度。這可能是因為他不是職業軍人出身的緣故（軍中幹部，尤其是主管情報、作戰業務的參謀，及營級以上指揮官，對時間、氣象的敏感度特別高），故就這個層面來說，所謂「失誤」，也算是「非戰之罪」，不以為過了。

綜上所析，由於這首詩中的那枚「月」是「上弦月」，即使天氣好，月亮未落之前，光度也不會「非常明亮」。而當月亮落土之後，因月光只可照到約半個天空，所以，大地就轉為灰朦朦的一片，然後，越來越暗。不過，此時松江上的點點漁火，松江驛附近碼頭上的燈光，以及被漁火、燈光照得暗紅的楓葉，反而顯得更為突出、驚怖與深邃，而能使「江楓漁火對愁眠」的蕭颯畫面更具感染力。假若是「月輪非常明亮」，對表現鄉愁的詩或有加分的效果，如李白〈靜夜思〉裡的「舉頭望明月，低頭思故鄉」，便是個顯例。但張繼當時的「愁」，是「火燎原猶熱，風搖海未平」（張繼〈送鄒判官往陳留〉）的「國愁」。所以，用寓意圓滿、光明的「月輪明常明亮」的景象，來詮釋詩中的「月落」之情，這就破壞了整首詩的意境的統一性了。何況，詩中的那枚「月」，是「上弦月」而不是「月團圓」的「滿月」呢？

烏啼江楓，愁眠寒山：少數日本人炒作「楓橋夜泊」

這篇文章是謝輝煌先生從歷史角度，陳述倭奴日本國如何偷竊中國文物，並老早以「冷水煮青蛙」的方式，來奪取對中國文物的「解釋權」，盜竊寒山寺碑及曲解「楓橋夜泊」是例證。事實上，這是數百年來倭國企圖侵略中國的一小部份。關於謝君在該文論述，我在《三月詩會研究》一書，已有闡揚，本文不再贅述。

張繼與寒山子的貴人

張繼一生的詩作算是極少極少，這是凡對中國文學史讀過一點東西，有一些文學常識的人都知道的事。（按謝輝煌先生述，張繼一生只留下四十七首詩，有十多首還是別人混入的。）如此這般，張繼不夠格稱「大詩人」，我以為連個「詩人」寶座也坐不上去，現在我們三月詩會諸公諸姊，那位詩不寫的比張繼多很多？但張繼終究從歷史這些無情的大判官手上通過「考驗」，成為中國大大有名的大詩人，實在叫我們這些詩人打翻醋瓶子！

另一個叫「寒山子」的人，也和張繼差不多，作品都不怎樣，但遇到貴人，使他們在歷史發光發熱。現在按謝大哥的研究考證，談談張繼和寒山子的成名經過。謝先生先就把張繼一生簡述。

張繼，字懿孫，湖北襄陽（一說河南南陽）人。生於唐玄宗開元三年（七一五年），卒於唐德宗建中元年（七八〇年）。唐玄宗天寶十二載（七五三年）三十八歲，與少年詩人皇甫曾同登進士。天寶十五載（七五六年）秋天，「安史之亂」發生了，西北烽火滿天，當時很多人都跑到東南一隅的吳越一帶逃難，張繼大概也就在那種情形下，有了一趟吳越之旅（按：皇甫曾的哥哥皇甫冉在當年春天登進士，而皇甫曾自己又接到了調無錫尉的任命，兩人遂趁機回江蘇丹陽省親。張繼可能是跟皇甫兄弟一路先到蘇州，然後再遊吳越其他地方。），先在姑蘇城外寫下了那首〈夜泊松江〉（〈楓橋夜泊〉），大約次年清明時候，再回到蘇州登城野望，又寫下了一首〈閶門即事〉：「耕夫召募逐樓船，春草青青萬頃田。試上吳門窺城郭，清明幾處有新煙？」（按：天寶十五載七月十五日，玄宗在漢中派令永王李璘領四道節度使赴江陵。九月，李璘欲據金陵，效法東晉的故事，隔江而治。遂積極徵召了許多農村青壯為水軍，並於年關前，自江陵引兵東下。李白也加入了李璘集團，隨師東下，並高歌賦詩十一首。只是，到次年二月中，李璘就兵敗丹陽，李白也被關進潯陽的監獄裡，後來被流放夜郎，走到白帝城遇赦，乃有「輕舟已過萬重山」的歌聲。只是那些被永王李璘徵召去當水軍的無辜農民，永遠無法回去過清明、渡寒食了。）亂平之後，直到唐代宗大歷四、五年間（七六九、七七〇），才出現在武昌，仍是個外放的小官。不久，調任檢校祠部員外郎分掌洪州財賦，舉家遷往江西南昌任所。不幸於唐德宗建中元年，夫婦先後歿於洪州，留下一個年紀尚輕的兒子。幸有詩人劉長卿，於新任途中路過洪州，乃大伸義手，把張繼夫婦的兩副棺材和他們的孤哀子送回老家。

張繼一生最想要的，是安貧樂道，風簷展書讀，但總有意外的事發生。在他過世後八年（七八八年）左右，高仲武以「安史之亂」到大歷末這段「殷憂啟聖」、「出震繼明」的歲月為採詩區段，從中挑選了二十六位詩人的一百三十二首作品，輯為《中興閒氣集》，張繼有三首詩被選入列，即〈送鄒判官往陳留〉、〈感懷〉及〈夜泊松江〉。

這是張繼的人與詩首次遇到貴人。然而，張繼畢竟不是一位「名」詩人，雖然人和作品已進入了詩選，但並未因此而「紅」起來。一直要等到那三首詩在紙堆裡沉睡了兩百七十年，才時來運轉如下：

一、宋仁宗嘉祐三年（一〇五八年）時，蘇州人蓋（修）好一個「楓橋寺」，特請在朝為官的蘇州子弟王珪（係王安石同榜進士，後繼荊公為宰相），書刻了第一塊「楓橋夜泊」的詩碑，豎立在「楓橋寺」裡（見葉昌熾編《寒山寺志・志橋》）。至於王珪何以要把「夜泊松江」改為「楓橋夜泊」？無法考證。只能猜猜，如寺在蘇州西門外的「楓橋」，不在蘇州南門外的「松江」，若維持原題，就難符現實，便改詩題了。

二、宋仁宗嘉祐五年（一〇六〇年），即王安石任三司度支判官的第三年，因公路過同事宋敏求家，得見一百多位唐朝詩人的詩集和選集，便從中挑選了千多首精品，並由宋敏求負責抄錄、整理，編成十卷。張繼的詩，共選了三首放在卷九裡，即〈楓橋夜泊〉、〈閶門即事〉、和〈過春申君廟〉。於是，張繼的〈夜泊松江〉，便首度以「楓橋夜泊」的詩題，進入唐詩選集和世人見面了。惟是否受了王珪書刻詩碑的影響？無法考證。

三、宋仁宗嘉祐五年（一〇六〇年），歐陽修和宋祁編修的《新唐書》，新增了「藝文志」一項，並著錄了張繼詩一卷，等於頒給了張繼一張「詩人的證書」。

四、宋神宗熙寧四年（一〇七一年），歐陽修退休了。可是「醉翁」退而不休，開了一個「寫詩話」的先河。他的詩話叫《六一詩話》，只有短短的廿七則，更在第十八則中對張繼的「夜半鐘聲」「修理」了一下：「唐人有云：姑蘇臺下寒山寺，半夜鐘聲到客船。說者亦云：句則佳矣，其如三更不是打鐘時。」真是「鐘不撞不響」，歐公把那「夜半鐘」一撞，就撞出了幾「拖拉古」的山鳴谷應。這一來，本是個負面的批判，卻變成了正面的免費宣傳。張繼地下有知，應趕快去打壺好酒，好好去謝謝歐公這位「貴人」。

五、鐘撞響了，想停都停不住。七十年後，即宋高宗紹興十五年（一一四五年）左右，計有功編的《唐詩紀事》、又四十多年後（約一一八〇—一一九〇年），洪邁編的《萬首唐人絕句》、又幾十年後（約一二六〇年），謝枋得編的《千家詩》、又過了四／五百年（約一六九二年），王士禎編的《中興閒氣集選》、康熙皇帝敕編的《全唐詩》（約一七〇七年）、孫洙編的《唐詩三百首》（約一七六三年），以及民國以後，凡是有唐詩選集出版（含各種注釋、新譯等唐詩本子），就有張繼的〈楓橋夜泊〉。而且，日本人編的中國唐詩選集裡，也少不了張繼的〈楓橋夜泊〉。

還有，還有，三〇年代的音樂家劉雪庵替〈楓橋夜泊〉譜過曲，只是沒有流行起來。但是，民國卅七年秋天，國共「徐蚌會戰」前夕，上海歌壇上唱出了一隻勞燕詞／小士曲／吳鶯音唱，很能煽動情緒的流行歌曲〈月落烏啼〉，歌詞如下：「月落烏啼霜滿天，家家無火對愁眠。東家沒有米和麵，南家沒有油和鹽，西家的閨女沒褲穿，北家無柴煙囪不冒煙。朋友何！請你想一想，大家難渡中秋節，幾時能過太平年？」歌聲背後，哭的是國民黨，笑的是共產黨，漁翁得利的，還是張繼。

張繼一詩定古今，除了唐朝一位高仲武貴人外，宋元明清到現在，代代都有貴人。像張繼碰到這樣的貴人，真的只能說命好，能有作品傳世，相信是天下所有文人的願望。畢竟「立德、立言、立功」是中國人認為完美的人生，但三月詩會諸公諸姊，想必「立言」是最佳途徑。謝輝煌先生在文章中，談了張繼的貴人，又談寒山子的貴人，以下是謝先生的研究考證。

世上之有「寒山子」這個人，是因為有一本數量和《詩經》差不多，也有三百零幾首詩，且全無詩題的《寒山子詩集》，和一篇〈寒山子詩集傳〉。〈傳〉的作者，也就是蒐攏和編輯《寒山子詩集》的「唐・朝議大夫・使持節台州諸軍事・守刺史・上柱國・賜緋魚袋・閭邱胤」（這是個允文允武，勳業彪炳，軍政通吃，有先斬後奏之權的五品刺史，「四庫全書提要」作閭邱允，《台州府志》：貞觀十六年刺史為閭邱蔭。）。

閭邱胤筆下的寒山子是這樣子的：

「詳夫寒山子者，不知何許人也。自古老見之，皆謂貧人風狂之士。隱居天台唐興縣西七十里，號為寒巖。」這個開頭，跟陶淵明的〈五柳先生傳〉的起頭相似。而「詳夫」這個詞語，意為「經過考察後得知」，南朝劉勰在《文心雕龍・雜文》中用過，五代時吳越王錢俶在替延壽《宗鏡錄》所寫的〈序〉文史也用過，特附一筆而已。下面仍依原傳，用意譯、摘要的方式來繼續介紹寒山子：

寒山子住在山中的寒巖裡，經常到國清寺去收取拾得用竹筒盛好的殘湯剩渣。他到了國清寺後，有時也會在長廊裡漫步，或邊叫邊鬧、或望空大笑，完全像個瘋子一樣。寺裡的和尚被他鬧火了，便用棍棒去打他趕他，他卻站在原地，撫掌呵呵大笑一陣後，才無事般的離去。他雖狀似窮人，形貌枯悴，以樺樹皮為帽，身著破衣，腳著木屐，但口裡說出來的話，卻又很富哲理與機趣。他很會做詩，興會一來，就把詩句寫在竹木、樹縈、石壁、或村墅人家的牆壁和板壁上。閭邱刺史上任後，專程去國清寺打聽寒山和拾得的消息，不期在廚房見著，閭邱刺史立即下拜，寒、拾二人卻呵呵大笑、叫喚，連呼「豐干饒舌」，便手挽手地走出國清寺。派人去追，他們已歸寒巖了。閭邱刺史回衙後，又購置了新衣、香藥派人送去供養，寒、拾二人卻不再回國清寺。沒法，就把衣物等送到寒巖。寒山子一見，高聲喝唱幾聲「賊賊」後退入巖穴，說了句「報汝諸人，各各努力」，就入洞而去，洞門自合，沒法再追了，拾得也不知下落了。於是，閭邱刺史便命寺中和尚道翹、寶德，到附近山中村裡去抄得寒山子的詩文三百餘首，編輯成卷。至於有否刻印傳世？則不得而知。但無論如何，閭邱刺史是寒山子的第一位貴人。

不過，寒山子的人和詩，在唐、五代、乃至北宋前期，都默默無聞。主要原因，恐怕是寒山子那個僧不僧、俗不俗，而且瘋瘋癲癲的怪人形象，以及那種具有濃厚的妒世嫉俗、逃離現實等特質的言行和生活方式，大大地背離了社會人群的需要和常態的緣故。瞧，連國清寺的僧眾都視他如刺蝟，一般俗眾又怎會對那個瘋癲、邋遢的寒山子有興趣？

還好，寒山子的人和詩不走運的時候，張繼的「姑蘇城外寒山寺」可走運了。（見前）由於大家對張繼詩中的「寒山寺」，或無意誤解、或有意附會，都會和「寒山子」綁在一起了。於是，詩因寺出名，寺因詩出名，而「寒山子」便左右逢源，沾了不少的光。

時間又來到宋仁宗嘉祐五年（一〇六〇年），歐陽修和宋祁編修的《新唐書》，新增了「藝文志」一項，並著錄了寒山子詩七卷，不顯而自顯。二十年後，宋神宗元豐四—五年（一〇八二—三年）間，已息影林下的王安石，經常和金陵蔣山一帶的釋子交遊，除寫過佛經外，還做了「擬寒山拾得二十首」。大概是沒有過分張揚，直冷到明朝，才有更多人唱和。

大約在王安石效寒拾體詩之後，僧隆畫過「寒山拾得像」（見《寒山寺志・志象》）。沉寂了百年左右，僧志南於宋淳照十六年（一一八九年），依據閭邱胤的《寒山子詩集》（含序），加上豐干的詩，刻了一部《三隱集》，同時寫了一篇〈三隱集記〉。這回是付梓了，而且還傳到日本去了。可謂厥功甚偉，是個大貴人。又過了百年左右，在元世祖至元年間（一二八一—九一年），釋法常也畫了一幅〈寒山拾得豐干圖〉（見《中國佛教百科叢書・書畫卷》），多少有點廣告效果。

時代進入明朝後，寒山子的人和詩的現實局面，已擺脫了清末日人島田翰所說的「清淡沖朕（襟？），唐人所不好，而宋元兩代又視之蔑如」的氛圍。另一方面，據《中國佛教百科叢書・歷史卷》說：明成祖朱棣是以僧人道衍（俗名姚廣孝，一三三五—一四一八年）為謀主，經歷了四年「靖難之變」的戰爭，奪得政權。因此，他對佛教就有所偏護。永樂十八年（一四二〇年）特為天台宗的基本教義《法華經》作序。更為了投桃報李，他又親撰《神僧傳》，藉以替僧人樹立新形象。例如：把達摩的「一葦渡江」寫成「折蘆一枝渡江」，使之神化。明成祖永樂三年（一四〇五年），姚廣孝也趁著寒山寺重修的機會，寫了一篇〈寒山寺重興記〉，說「有寒山子者，來此縛茆以居，修持多行甚勤。希遷禪師（七〇〇—七九〇年）於此創建伽藍，遂額曰《寒山寺》。」（江祖民「學佛網」）（按：希遷只在湖南、江西弘化，希運（？—八五〇年）則曾遊天台，可能去過蘇州，時間也應在張繼作〈夜泊松江〉（七五六年）之後。）另外，《寒山寺志，自序》說：「明師道衍記謂唐元和中（八〇六—八二〇年），有寒山子掣風掣顛來此縛茆以居，尋游天台寒巖，與拾得豐干為友，終隱而去。」而「寒山寺」在有明一代，興廢頻仍，屢仆屢起。這對打響「寒山子」的知名度，有絕對的乘數效果。所以，明朝鑄的一口古鐘，聽說也被倭寇擄去了。可惜的是：寒山子的詩還是沒幾個人喜歡。個中原因，恐不是社會流風的問題，而是「以人廢言」的作用、說教成分濃厚、及五言詩性質較硬等因素所使然。不過，第一二五首的「人生不滿百，常懷千歲憂」，曾入《昔時賢文》，只是一般讀者不知而已。

綜觀寒山子的人和詩的走運，大致也跟張繼的人和詩一樣，是在宋仁宗嘉祐五年（一〇六〇年）前後才「大放光明」的。是天意？是巧合？是人為？歷史就這麼詭譎，都湊在宋仁宗時代？

平心而論，張繼的〈楓橋夜泊〉，贏在見光率高。但話又要說回來，如果是一首「阿斗詩」，一千個大學士也抬不起來。寒山子的詩，不能說沒有佳作。但因沒有人挑選出來擺在《千家詩》和《唐詩三百首》裡，傳播的效果就大打折扣了。所以，還是個「遇與不遇」的問題。誠如前人評張繼此詩時說：「詩非不佳，然唐人七絕，佳作林立，獨此詩流傳日本，幾婦稚皆習誦之，詩之傳與不傳，亦有幸有不幸耶？」如果寒山子真有其人其魂且有知，得知有那麼多貴人在扶持他，亦可聊慰於萬一了。

迷樣的寒山子

「寒山子」為何人？歷史上有不少考證，本文前述寒山子如何碰到貴人，但許多謎題並未解開。為此，謝輝煌先生又寫一篇「謎樣的寒山子」，為保持謝先生文章的獨立性，並彰顯本會詩人在某些文學領域的深入專精研究，將謝先生的這篇文章獨立收為本書一章，見下章。

謝輝煌先生是研究寒山寺、寒山子、寒山詩及張繼詩的專家，完成的文章足可出版一本《寒山研究》之類的書，但他說「再看看」。

謝先生不光研究寒山寺，他和寒山寺也保持很好的友誼關係。寒山寺每年春節寄賀卡向謝先生拜年祝福，以下舉近三年賀卡附陳供雅賞，寒山寺的祝福必定給詩人增加許多詩意靈氣。

值此新年，姑苏寒山寺两序
大众至诚祝福您在新的一年里：
新年快乐，合家团圆，
身体健康，六时吉祥。
愿寒山寺一百零八响钟声带走您一百零八个烦恼；
愿寒山寺一百零八响钟声送给您一百零八个祝福。
苏州寒山寺
贺
這是寒山寺2011年給謝先生的賀卡

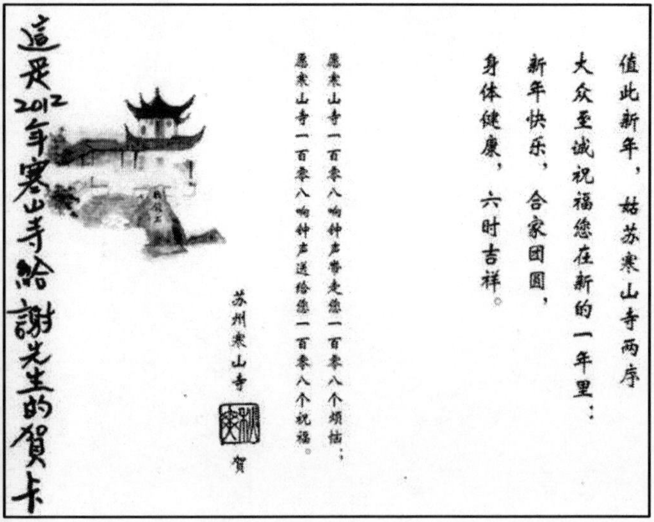
值此新年，姑苏寒山寺两序
大众至诚祝福您在新的一年里：
新年快乐，合家团圆，
身体健康，六时吉祥。
愿寒山寺一百零八响钟声带走您一百零八个烦恼；
愿寒山寺一百零八响钟声送给您一百零八个祝福。
苏州寒山寺
贺
這是2012年寒山寺給謝先生的賀卡

第三章　何謂「春秋大業？」回答丁穎先生一些事

二〇一一年四月三十日，三月詩會例行在真北平餐廳聚會，這是五月份的提前雅聚。此次詩會我向與會諸君報告（書面），二十年時將再出版一本《三月詩會二十年紀念集》（書名暫訂），該集以書寫大家的「春秋大業」為主述，需要大家提供資料。自己的春秋大業總不好自己說，我來幫大家說，事後我收到最多資料的是丁穎、謝輝煌二位先生，及關雲姊，他們的各類資料均經整理，寫成本書各篇。

本文以回答丁穎先生的一封長信為論述內容，該信第一頁丁穎先生（以下稱謂略）問說，「你我都為國家統一所做的努力貢獻心血金錢算不算是春秋大業之事」等。這個問題

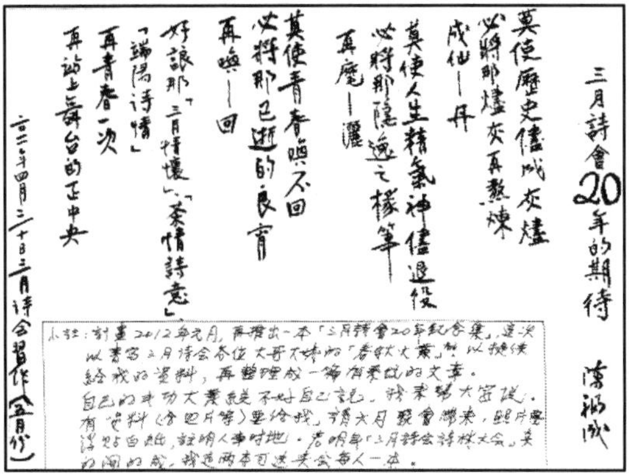

三月詩會20年的期待　陳福成

莫使歷史儘成灰燼
必將那燼灰再熬煉
成仙——丹
莫使人生精氣神儘退役
必將那隱逸之椽筆
再魔——灑
莫使青春一喚不回
必將那已逝的良宵
再喚——回
好讓那「三月情懷」、「茶情詩意」
「端陽詩情」
再青春一次
再站上舞台的正中央

二〇一一年四月三十日三月詩會習作（五月份）

小註：計畫2012年元月，再推出一本「三月詩會20年紀念集」，還決以書寫三月詩会各位大哥大姊的「春秋大業」為主，以提供給我的資料，再整理成一篇有系統的文章。
自己的春秋大業總是不好自己說，我來幫大家說。有資料（含照片等）要給我，請六月聚會帶來，照片要請貼白紙，註明人事時地。若明年「三月詩會詩林大会」[illegible]的成，我送兩本回送[illegible]與会每人一本。

我略為陳述，「春秋大業」分廣狹二義，廣義指這世上的各個人種，如回教徒、佛教徒……中國人、美國人、阿拉伯人……每個人，他有思想、有願力、有實踐力去完成自己想做的事，便是他個人的春秋大業。舉例，賓拉登以領導蓋達組織摧毀美國，他便完成其春秋大業；賣菜的陳樹菊把賺來的錢接濟貧童，她也完成了個人的春秋大業，是他們最想做的事。

狹義的（或特別指涉）春秋大業，指中國幾千來，歷代對中華民族的振興與整合統一的大事業，而此種思想來自「春秋大義」（春秋三傳的核心思想）；歷史上所有對春秋大業做出貢獻的人，後世都會對貢獻者做出「春秋定位」的評價。我們常聽政治人物言「有歷史壓力」，或謂有「春秋定位」的壓力，都指此事而言，馬英九在第二次大選取勝便說過這樣的話。關於「春秋大義」思想內涵，可參閱《三月詩會研究》相關的三篇文章，本文不再詳論。

本文要闡揚的是丁潁所問前面那個「算不算是春秋大業的事」，當然是算的，而且歷史評定「春秋定位」通常和世俗所謂成功或失敗無關，成敗指的是當事者有生之年所進行的春秋大事（歷史任務），未能完成（未執行或執行失敗、空夢一場）。我舉孔明五次北伐、鄭成功反清復明的北伐大業、蔣中正的反攻大陸大業三者為例，三者歷史年代、背景不同，但本質上相同，都為「北伐、統一、恢復中國的正統、道統」，這種「春秋大義」思想之本質，孔、鄭、蔣三人相同，而三人的結果也相同（失敗或止於政治活動）。另一個相同的是，這三位「失敗者」都成了民族英雄（孔、鄭已是，蔣未來也必然是）。

另一位蔣中正的對手毛澤東，短期（百年左右）看是成功者，但他搞過「非中國」的「去中國化」（文革、馬列思想），這是違反中國春秋大義的，所以他未來不可能是民族英雄，更可能很負面的評價。所以，從大歷史（二百年以上的宏觀視野），反攻大陸空夢一場的蔣公是成功的，而那「竊」得江山的毛公是失敗的，這就是春秋定位的評價，很奇妙的。

有人或問，那是聖賢豪傑的事業，我們這些小老百姓那有什麼春秋大業？非也！春秋大業或春秋大義產生的影響，和大小人物、貧富等均無關。我在《三月詩會研究》一書中講過一個佛經上的故事「貧女施燈」，那位貧窮的女孩所做的正是她的春秋大業。

丁穎的信接著提到，他以統盟監委個人身份，於一九八八年五月訪問北京，去拜訪了陳鼓應教授和黃順興二人，都是從台灣去的，這二人大大有名，不需多介紹。我要表揚的是陳鼓應應有機會當美國人而不當，這是一種春秋大義的氣節，深值肯定，光是這點陳的春秋定位必有很正面的評價。

福成兄：

台北回来重读你的大作「西安」一诗，同时接到你第一次游西安的往事，又看你诗後的「三月诗会廿周念集要诗友个人资料，你说自己的千秋大业事迹不好自己说由你来说，我不知你我都为国家统一所做的个人努力贡献的心血金钱算不算是「春秋大业」之事：还说的自己和家铭不好自己向人家说谎。本还因此从未说过自己做的一切。现在兄要说下我们这一代个人的遗憾，现在我个人经历略述梗概供兄参考。希望今後我们我家人能够了了解。

我第一次游西安是这样的：一九八八年五月我以盟统监委个人身份访北京，（那时蒋纬国同学走吴迎节接纳」两岸还没有什么来往」我以理想的名去到北京，是由全国政协祖国统

P1

一委员会主任刘宗汉先生接待住在国宾迎宾院招待所。我要看的朋友是在北大教书的陈鼓应教授，及从台湾过去的戴晨光。他在全国人大当常委，刘主任马上给我连络，第二天下午他在黄埔给我电话，说他现在黄家，要我和黄一起通话我说除见你还想鼓应，黄说我俩同鼓应有事，明天上午我去北大接鼓应，一同去看你，第二天上午由刘主任陪同到看院看我，老朋友多年不见，两岸隔绝音讯全无，见面非常高兴亲切，他们问了一些台湾的情况，因他们都台湾离去的对台湾还是很关切。黄在台时曾当过立委及台东县长，陈是由台湾到美国做学术访问研究，被邀到北京当局不准返台，他又不愿入美国籍做美国公民，北京当局为统战欢迎他去北大教书，当时我曾在「採薇園」写了篇

P2

「国民党专门製造敌人，製造的都是不倒的敌人」，获刘总是「从陈鼓应到北大教书谈起」，我说的敌人包括李敖，陈鼓应在台大教书只是参加国民党员，只因当道太不听党的话，国民党就用特务打压他，李敖没有什么吓人也不曾反国民党，只要研究所毕业到中央研究院当个研究员，只因一场中西文化论战，而他当时主编的星老同是萧孟能，萧的老爸萧同兹是陈诚一派的，於蒋经国争权，国民党内部政争欺及他愿李敖。这不都是国民党自己造出的敌人吗？我和陈於京见面把文章给他，问他不曾看到，我们谈到中午，一齐吃饭拍照留念。次日由全国政协常委民革中央副主席贾亦斌在全国政协大礼堂接见我，中午宴请。贾亦斌曾是蒋经国副手，蒋当局长时贾是少将副局长，蒋为蒋经国红人，

P3

即去转来台，他一口一声问「经国」怎么样，表示甚为关切他口口声声经国长经国短的叫着，不称总统或先生，想是他们私交是不错的。餐後刘主任问我淡访问北京还想到哪里看看：我说天然想回老家，他说离大陆这多年应该到全国各地看看大陆发展。他真心劝我到西安看看刚出土的兵马俑，那时兵马俑只开放一个坑洞，不久再建二个感意只好答应。第二天他事先买好软卧车票来接我，把我送上到西安的火车，并说得很清楚那天是五月节天已很热。我夜间大概十一二点到西安，车到站时早有西安政府官员拿着白牌在站上等候，写着欢迎了疑先生到西安，来接的人是西安台办主任，一头白发，我在北京买了一箱子书放掌上，因搭乘小汽车不能开到月台，离出站口还有一段路

P4

他非常代我提着箱子，他很吃力的样子我非常感动，言谈中得知他是国民党高级将领关麟征的内弟。据我住的地方，是当年西安事变主角之一杨虎城的公馆。次日上午接待我的是陕西省政协主席，同时也是陕西文联主席魏明中。同时安排参观西安各地。第一天参观东路，就是秦始皇陵及兵马俑。最使我怀念的就是重阳的银杏。香、甜、糯。连杏核都可同时吃。今后有机会再去西安一定要在五月杏子成熟季节品尝一下重阳的银杏，才不负去西安一趟。我家乡也出产杏子，但从来没有吃过如此美味的。第二天参观西路，就是乾陵就是武则天墓。及茂陵。此外王三姐的寒窑，以秦二世墓。然后由西安到重庆，下三峡，陶咯家一路上都由全国政协安排，这是我第一次游西安，纵有万千象大美祖国下面

P5

我再谈与统一有关的事

连续带团访问大陆。被人称为破冰之旅。其实破冰之旅的不过是私人组团或政治社团。第一次访问大陆的都不是连续，只是连战在大陆也大骂哇。先说第一次民间组团访问大陆：乃由大陆国台办来人谈及回大陆的事情，我有分外友人。虽然他已制度。但他们用心国事，由其国家的统一。他与我商议组团访问大陆。但那时还没有什么交流，别说政治、经济、就是文化交流也没有，也不准。那么我们以什么名组团呢？后来我们想到去黄陵扫墓祭祖。同时去那边办场会为两岸人民祈福宗教交流。可是开宗教又是那边禁忌。经过多方联络进交涉那边才答应。可是组团前往续事续。还请说锐由他筹备，因为他那边较洽交涉办手续，

P6

这些人一分重事情都有负责。那时组团两岸手续都难办。连这些人参加旅游一切费用包括来回机票住宿都由我负担。还是没人敢参加。后来我到统盟联系到文起教授，他的夫王道涵教授都是主张国家统一的朋友。我负责团所十於八九清明节前往西安。圣明是出家人不敢出面带团，要我当团长带团。我因自己是发起人一切又都有担当，也恐别闲语，只以谦让请王道涵当团长。那次祭黄陵不仅是台湾胞第一次组团祭黄陵，几十年来全世界炎黄子孙。也是大陆没有人前往祭过黄陵，（大陆文革破四旧连清明节都不过）所以这是中共统治大陆，所有的炎黄子孙不都曾祭过黄陵，因此那祭陵我们要依循古礼用太牢礼来祭，非常隆重。当地居民轰动，他们过去从没见过。由西安政协主席魏明中、副省

P7

长及黄陵县长陪祭。会上魏主席看到我两人提手都紧不住热泪盈眶。因去年他接待过。这次带团去出乎意外。四十年两岸隔绝如今竟到了自矣。然后参观西安各地、第一站是扶风法门寺。就是供奉佛指的法门寺。由方丈接待　领我们到地宫参拜佛指。我想台湾人第一个看见佛指的就是我吧。前几年佛指来台湾巡展全台几十万人参拜。而我祭祖之后，我们又赴上海龙华寺。作了一场法会为两岸人民祈福。经我们住有宗教信仰的团友及亚嫩的圣明带着去南海普陀山参拜南海观音。我则留上海陪他们。王道涵先陪这次所以费五万多美金，因为归我们负担。这是台湾民间团访大陆，於是中央电视台将派遣一组记者採访这次祭祖盛事，拍摄了一集记录片。在中央电视台向国外播放半年

P8

主义。不知道这算不算破冰？再说政治社团访问大陆。中国统一联盟全体执监委于天四第二年（八九一年）初由第一届主席陈映真领团访问北京。我是第一届监委亦随顾问。当时台湾几大报联合、中时等报都派记者随团採访。当我们抵达北京机场一下飞机，很意外一路中外媒体记者上百人等着採访，当时在机场有一记者会由陈映真团长致一简短新闻稿，以后陆续自此次访北京目的。当下揭开应台国家领导日由江泽民中共总书记国家主席在人民大会堂接见我团。我团是团体中少最大的安排坐在陈最前面陈映真旁边近泽民也最近。所以陈映真与江泽民对答谈话每句都听得很清。他们先寒暄问候开场后入正题说到他们先谈时期谈起后话锋一转谈到两岸问题，说两岸分离几十年今后

和两岸多加沟通增进彼此的了解。当时我们还提出对六四民运份子不要秋后算帐，说他们都是中国的精英，还有两岸繁体字与简体字，希望大陆能恢复繁体字，两岸文字统一文化沟通更为方便。江泽民答复说，对六四从没有秋后算帐，他们仍可以回北大的学生，同时他们都一个也没秋后算帐。关于繁体字，他说我江泽民三千多字从来都用繁体字，从不写简体字。今后教科书也慢慢恢复用繁体字。这是江泽民亲口说的谈话我每一句都听得很清楚。江泽民本人都说他是扬州中学毕业，曾在上海交大江苏读书常加常与文学字，国学根底[illegible]。他说到史可法，并随口念出史可法墓前一副对联，一字不差就阶段谈，一轮明月故在心上，并欢迎我们到扬州来观光。他的这些话台湾报纸都有报导，但我现在手头没有这些报纸

我们还访问了统战部，当时部长王兆国不在由副部长万绍芬接待、座谈，我们提出统战这个字，应该改改，好像海外的中国人都要跟你们统战，被你们统战的，而且他们对外机构都改为联谊会了，如台湾同胞联谊会、后来台联以及海陕会和台盟等。中全国政协主席在人民大会堂宴请我们。与我同桌的有三二一的钱伟长等十六高级领导、钱伟长、王怀国的明片现在我还存着。我们在北京三天参观了故宫等千门，也举行文化座谈会。我一直有一首祖国的小诗当时我到北京文艺报上。参观中央美术展资料记录片。我没去看看的因是不忍去看看的肃两岸中国人。离北京飞西安，住一夜，次日由西安政府官员陪同乘车赴黄陵县祭黄陵。就上次我带团祭黄陵一样用太牢礼由都是官员读祭，不同的是黄陵段像整修了一下。不仅我

当第一次去都荒芜了，黄陵前清理了一片黄土地，一些杂草都剷除了。这是我第二次到西安。西安市还是没有变化，北陈旧落后，有全国古城墙西安保存的最完整，改变文化大革命破坏。当时西安没有飞南京的班机，省政府特为我们了一架专机，飞机很小在我们只十几个人，我们由政府所接待由官员陪同前往中山陵谒陵。参拜中山先生遗体，但那遗体並不是真体而是替代品。由南京经上海回台北，这算打破政治统团的破冰？两次破冰第都算。这连战以国民党主席身份访问大陆早以后的事了。国民党有时是在野党，连战是在野身份没有政权，国民党一个人民代团而已，如果说他是破冰，我们又算什么？我第三去西安我亦遇参加黄帝重建工程祭土典礼，因他的发觉黄陵是可归的地方。从我八九年祭陵

P13

據悉每年海外華人和台灣同胞組團回去大陸的人多起來，他們也開始懂宣傳自動邀請海外華人組團觀光，我在那兒所看到的西安和過去想像大不同了，就光兵馬俑已多了好幾個，別說其他的改變了，它已成了現代化的大都市。明年的花博在西安辦，屆時當又是一翻新氣象吧！

前天歡迎江蘇新聞學會孫錫福理事及蘇藝界等訪問團，承林靜助會長之邀，參加歡迎會，被邀請名單中有曹瑞騰也參會。會中他們都說自己對兩岸文化交流貢獻多大多大。靜助理事長名發言。逐每人都介紹一翻，對他們為兩岸文化交流作出力做了很多事，對我的介紹只兩句話：五六十年代有名作家。靜助先生只看到近年來兩岸交流的情況，因後來這幾年兩岸來往沒有什麼聯系了，大家一窩蜂的往大陸跑，希望事情他們不

P14

知道。那時文化交流來說，早在五、六十年代那時還在戒嚴期，大陸作家選集、全集，巴金全集、魯迅全集，甚或大學者書，馮友蘭哲學史，都是早在台灣印的，我之所以買為歷史宣傳的聯名風氣印這些書主要目的，就認台灣被日本殖民五十年，台灣人民接觸不到祖國文學文化也所以所蒙的都是日本文學，台灣已被皇民化，勝利後沒有幾年政府遷來台灣兩岸又隔絕了。台灣[illegible]的孤島，觀的祖國母親隔絕太久了。我有着不使台人民的母親聯繫割斷，讓他這根臍帶永遠和母親連繫在一起，所以才買較多的書之餘，出版大陸作家的書。一般人根本不知道我之用心之苦。八八年我去北京才和馮友蘭等見面，把我出版贈給他們，並簽了台灣出版授權書，並附寄我印他們的書不賺

P15

告訴他們是不得已的事，開放前我的文章被那些大學拿來印教科書教材，開放後我的詩由北京友誼出版公司在大陸印行。大陸詩界出版我的詩集，是由藍燈公司出版，這大陸詩人在台灣出版的第一本詩集。西安李陵回來，我的友人劉[illegible]統一日報，後因此友人私心太重乃分手，成友版完後劉世界論壇報，華僑發行人，這是台灣唯一的獨立統一的日報，先有三大張，後因經費改為每日一張，到後來只一頁在大陸發行，我常住大陸，幾為北京各有報館希望允許發行。這幾年我因建立關係發展總會社長廖天所是總經理，秘書長都辭了。因我太忙了。我在大陸出資以台灣第的藍燈公司出版華人叢書，創兩岸名家詩作人士作品同時發表，台灣論台三期，到現在還在出版。第做

P16

的這一份算不算文化交流和貢獻？

最後許第一提的是：我和統盟聯友誼訪問北京，江澤民見面，本先去北京連繫的是統盟秘書長劉國基，現在北大和人民大學當教授，研國是家研究所時同搞統一聯盟）多年了。他被那天晚上我和高進他商量一份宣傳統一的刊物，劉擬我們都開會說不到數小時他就邀請了同業送戴筆先等五人。我也常聯絡那些人問話，有一次我在台大門口送書給學生，示突然被送台北警局詢問了一天，因問不出什麼，只好把我保釋放。因我不敢搞得大。可見那時搞統一是要付出代價的，那種像現在可以公開搞統一。那時搞統一和搞台獨是同樣罪名。我本來是被限制出境，後來寫了這些事。希望你將那時間該完。說

萬安

丁穎拜啟

建國百年中秋在寒舍 於台中客鄉

第 16 頁

丁信的第三頁提到「國民黨專製造敵人、製造的都是打不倒的敵人」，如陳鼓應、李敖都是，這確是；且國民黨（兩蔣時代）的敵人不止這二人，可多呢！我再寫幾大本也寫不完。但我對「敵人」這玩意兒，有不同的看法，其一敵人的存在提高自己的警覺性，增強奮鬥的動力；其二事業越大、地位越高，敵人必越多，此乃必然，古今中外皆然；其三放眼看看世間一些偉人，孔子、耶穌、阿拉、孫中山……都有敵人；其四盡可能不要樹敵，但沒有敵人是有樹立「一個敵人」的「需要」。或許只有與世不爭（如老莊）沒有敵人，要爭天下怎可能沒有敵人，陳鼓應和李敖還只是小小小的敵人，假如蔣中正和毛澤東都把我陳福成視為敵人，非鬥垮不可，那本人是怎樣的一塊「料子」？

丁信的第四、五頁，提到他第一次遊西安，從頭到尾由政協和各省文聯主席陪同等，似乎與春秋大業無關，我要慎重說「正是春秋大業的過程」，為什麼不談去東京、紐約……？東京的美食、紐約的高樓如何等等，那些才與春秋大業無關。丁到西安，和我這些年跑北京、山西等是一樣的心態，為多了解祖國現況、促進交流，以利未來的統一，除此別無大事。

信的第六、七、八、九頁，講到連戰的「破冰之旅」，丁更早「破冰」，「算不算破冰？」我認為都算是。因為大陸要破的「冰」太多了，現在也還有很多尚待有心人去

「破」，連戰代表國民黨，丁代表民間一部份人（如中國統一聯盟）的聲音。假如三月詩會組團訪問大陸，也可能有機會「破冰」！諸公以為呢？

第九—十二頁，提到中國統一聯盟全體執監委於六四第二年（一九九一年），由第一屆主席陳映真率團訪北京，丁穎是監委也同行，與江澤民、王兆國、錢偉長等人的談話，建議恢復繁體字、祭黃陵等事，這是春秋大業的核心問題。這些是真正的春秋大業，但不說出來大家不知道丁穎為我們國家民族做過這麼多促進交流的事，只以為丁穎是「五六十年代有名作家」。我一直以來，認為我們這些小人物春秋大業必須「清算」出來，正是此理，別人不幫你清算出來，也要自我清算，否則兩腿一蹬，你的一生功業盡成灰燼，你的一大堆自己以「寶物」的，兒女全都叫垃圾車來「清運」！

丁信的第十四、十五頁提到很重要的文化大業，丁穎早在戒嚴時期，在台灣出版了《魯迅全集》、《巴金全集》、《矛盾全集》、《馮友蘭哲學史》及一些大學用書，這在當時是有風險的。但丁穎認為台灣脫離祖國太久，又成了亞細亞的孤兒，很需要「母親」的養份，這在當時可能是殺頭的，殊不知這不僅是春秋大業，更是千秋事業。假如台灣和大陸沒有這一點「文化的根苗」連在一起，早已脫離中國而獨立了！很難能可貴的，丁穎在一九八八年到北京見到馮友蘭，還把版費給了人家，並簽了出版授權書，我不禁要讚美一聲，「可愛啊！丁先生！」

信的第十五頁，丁先生也提到開放前他的文章被大陸大學採用當教科書教材，這在後面幾篇論述，開放後，丁穎的詩集也在大陸出版，大陸詩人梁如雲的詩集《戀痕》則由丁所主持的藍燈出版公司出版。另他和朋友合辦「統一日報」，任「世界論壇報」發行人等，都是對國家民族社會有重大意義的文化大業，至於成敗，並不須太在意，大家常說的一句英文口語：「Just do it！」幹了就對了！

信的最後，丁先生提到他在大陸出資，以他的藍燈公司出版《華人畫事》，刊兩岸畫家及海外華人作品，發行港澳台三地，至今仍在出版，這是了不起的文化事業。丁先生也提到他在戒嚴時期，以文化事業搞統一，在當時和搞台獨同樣有罪，但他做了對的事，合乎春秋大義的事，歷史會給他公道。

在丁信的第八頁，提到他和聖明法師在上海龍華寺辦法會，為兩岸人民祈福，之後他的夫人亞孅和另一行人由聖明帶著去參拜普陀山南海觀音。這位亞孅女士也是我很欣賞的藝術家，很有民族氣節又詩畫雙全的現代女性。詳見《三月詩會研究》第五篇第十九章，「賞讀丁穎、亞孅賢伉儷的詩集」。

筆者不才，半生在野戰部隊鬼混，美其名曰為反攻大陸中國統一而努力，對文壇盛事、詩界風華所知不多，只有在幾十年前讀過他在黎明出版的書，及後來看過高準的一些文章中提到丁潁。近一兩年同是三月詩會的因緣，讓我較有機會理解他，在他給我的長信第十五頁說，「近幾年我因健康關係發行人讓給原社長廖天欣兄擔任，現在我連名譽董事都辭去了。因我太老了。」

人生便是如此，如花開花謝，重要的是想做該做的事都做了，也就心安理得。丁潁完成了他的春秋大業，祝福他和夫人亞嫰女士在文化、藝術上再創新境界。

上圖：丁潁應邀參加黃帝陵重建工程典禮留影

左圖：一九八九年南京謁中山陵留影

丁穎參加第十五屆世界詩人大會

1990 年丁穎訪問北京，與國務院副總理吳學謙合影於釣魚台貴賓館。
（照片不很清楚，仍為一種留念。）

「台聲」雜誌第九期，以丁潁為封面人物，總第 203 期（2001 年 9 月），主辦單位：中華全國台灣同胞聯誼會。本會及台聲雜誌，以推展兩岸交流為宗旨，散播和平統一的種子，是兩岸重要的文化事業。

由丁潁任發行人，中國台灣藍燈文化事業股份有限公司出品的《華人畫事》一書，2010 年 12 月。介紹當代華人畫家，有李群、趙貴德、刑振齡、宗鄂、王承典、張友憲、宋維成、史惠芳、張洪、王奇寅、王界山，共 11 家。本書發行範圍遍及大陸和港澳台，由華人畫事出版社出版，在台中、北京、江蘇、安徽有聯絡處。

第四章 追蹤丁潁的歷史足跡

——在大陸、台灣與世界的點點滴滴

我們三月詩會詩人丁潁先生，一生有不少轟轟烈烈的故事，值得春秋筆為他大書特書。在《功在千秋：構建和諧社會新聞人物采風錄》如下介紹，可視為丁潁一生的簡歷。丁潁，一九二八年出生於潁水之濱，祖籍安徽阜陽。原名丁載臣。當代台灣著名詩人、散文家。以耕讀傳家，髫齡失恃，養於舅氏，七歲執禮謁聖，旋入鄉黨小學。中日戰起，負笈他鄉，後卒業安徽大學。旋赴台灣從事文化工作，曾任記者、編輯、教師、報社發行人、社長等職。

先後創辦有中國郵報，亞太時報。全民生活雜誌，中國醫藥報等任法人代表。世界論壇報發行人，籃燈文化事業股份有限公司董事長。河南開封大學名譽校長，安徽元通房地產開發公司董事長。其著作有散文集《南窗小札》、《西窗獨白》、詩集《第五季的水仙》、《濁流溪畔》、《不滅的隕星》、小說集《白色的日記》、《丁穎自選集》。編著有《傳鐘下的投影》、《兩性關係社會觀》、雜文集有《一個小市民的心聲》、《一無是處集》等數十部。其作品「三分春色一分愁」散文，曾與魯迅、冰心、朱自清、周作人等名家作品同被北京電視大學收入「文鑒」一書作為學生的國文教材。丁穎長期從事文化工作，早期曾與友人創辦《明天詩訊》詩刊。一九六七年又與詩友高準、郭楓、吳宏一、高上奏、王津平、李利國、亞嫩等人創辦「詩潮」詩刊任發行人。但此詩刊一出刊，即引起一場鄉土文化論戰大風波，他在創刊號上發表的兩首詩，「春醒」、「春的感知」遭到誣陷性的指控，某御用詩人以「狼來了」一文攻擊詩潮，因此詩潮遂被查禁。丁穎曾加入紀玄領銜的現代派，詩集《第五季的水仙》曾由北京友誼出版公司出版。曾出席世界第十五屆詩人大會。並榮獲中國大采風世紀英才人物獎。生平事誼選入「世界名人錄」、「國際名人大辭典」、「國際詩人檔案」、「港澳台散文賞析辭典」、「世紀英才」等十餘種辭書。

采風錄對丁穎的介紹算是很簡略，提到他在「一九六七年又與詩友高準……」，這個時間應是筆誤。按高準《詩潮》的歷史回顧：從古遠清（余光中的「歷史問題」）中幾點誤述說起，這篇文章中他們辦《詩潮》，在一九七六年十二月十六日刊出「詩潮創刊徵稿啟事」，第一集出版的時間是一九七七年五月。（註一），「一九六七」和「一九七六」容易有誤，但差別可大了。

前面的簡介又提到「某御用詩人以『狼來了』一文攻擊詩潮，因此詩潮遂被查禁……」，丁穎是社員之一，在詩潮創刊號發表「春醒」、「春的感知」兩首詩，遭到誣陷性的指控。

到底這位發表「狼來了」的詩人是誰？為何要對高準、丁穎等人及《詩潮》痛下殺機？他就是當今大詩人余光中。（註二）余光中的殺傷力頗為嚴重，高準在那篇文章列出一個災難表如下：

「狼來了」造成的災難效應表

災情	受害人	備註
查禁	高準、丁穎等	《詩潮》及隨後其他大量書刊
離婚	高準	因女方恐懼牽連
解職	高準	因拒絕與批「鄉土文學」及「工農兵文學」者同調
開除黨籍	陳鼓應	因批余進而參加競選
不准出境	王拓	因特務視對方為狼嫌
拘捕並驅逐出境	溫瑞安、方娥眞	神州詩社案，特務人員一定要抓隻狼出來
入獄	李慶榮	特務設計引誘

前面的簡介也提到丁穎的「三分春色一分愁」散文，曾與魯迅、冰心、朱自清、周作人等名家作品，同被北京電視大學收入「文鑒」一書，作為學生的國文教材。

本書的寫作方法，我多少帶有「考證」的心情，就像考古或刑案，我總希望有「證據」，可使「證據自己說

目 录

北京電視大学教材

有人問我，一個作家活在甚麼时代？和那些人齊名？與誰同一舞台？有証据否？如何留下証据？這是方法之一。作者註。

写 作 文 鉴

（上）

刘锡庆 张继缅 吴炫 编

中央广播电视大学出版社出版
新华书店北京发行所发行
山东新华印刷厂印装

开本787×1092 1/32 印张9.625 千字216
1984年12月第1版 1985年2月第1次印刷
印数：300,001—585,000
书号：10300·10 定价：1.30元

話」，這樣的文章至少比較「真」，至於「美、善」如何！先天不足的我只能盡力了。

在各種資料中，我還是找到證據，《寫作文鑒》（如附印目錄和版權頁），丁穎是那時（一九八四年）在台灣的作家，其他名家還有郁達夫、茅盾、俞平伯、老舍、巴金等人，都是我國當代重量級名家。

解讀一個人，找到他的一些歷史足跡是重要的，但了解他的核心思想等於讀他的「心」。高準在文章中講到，《詩潮》發行人詩人丁穎是信奉國家主義的青年黨主要黨員，一向強烈主張愛國主義，《詩潮》第一集列入聞一多的詩與傳略尤其欣賞，因為聞一多早年參加過青年黨的前身之一「大江會」，丁穎一向以聞一多為榮，是聞一多的「粉絲」。因此，我認為丁穎是以「國家主義」做為他的人生大綱。講到「國家」，當然就是「中華民國」，但為何丁穎在「中華人民共和國」這個大舞台上，也受到很高的評價？更根本的原因是「中國」，「中華民國」和「中華人民共和國」不會是永恆的，都是一個「朝代」，一個「階段性」的存在，我們心中最重要的，位階最高的，真相是「中國」。

另一個是現實的原因，中華民國自李登輝和陳水扁這兩位大漢奸後，已被搞成像「南明」，像一個「地方割劇政權」，太叫我們忠貞之士傷心了，這裡無可愛之處，只好愛對岸。但實際上，我們愛的是「中國之統一」，而不是「中華人民共和國之統一」，因

為愛中國之統一才合乎青年黨愛國主義的宗旨。（註三）

丁穎的一生，應是在青年黨所主張的國家主義宗旨內，開展他的人生事業，不論從事那一方面的工作，或他的文學生涯，必在這種宗旨下開展他的舞台，放光、放熱、在台灣、大陸和世界。

後面再用兩篇文章闡揚本文所論述的「足跡」，讓我們對丁穎在台灣、大陸及世界文壇上的那些春秋大業，有更多理解。

入選證書

丁　穎　先生/女士：

由於您對社會貢獻突出，影響較大，傳記被入編大型國際交流系列書刊《世界人物辭海》。

特頒此證

世界華人交流協會
世界人物出版社
二00四年 香港

Certificate

Mr./Ms. Ding Ying :

Due to your great achievement to society, and your biography brief has been edited into // *the Dictionary of World Person* //, which is one of large international interchange series.

We hereby award you this certificate

World Chinese Interchange Association
World Person Press

Hong Kong 2004

註 釋：

註一：高準，《詩潮》的歷史回顧：從古遠清（余光中的「歷史問題」中幾點誤述說起。傳記文學，第九十五卷，第二期（二〇〇九年八月號，總第五六七期），第九九—一一六頁。

註二：見同註一。

註三：要進一步了解青年黨之創黨背景、經過，及愛國主義的宗旨、政策，可見本書作者陳福成另著，《中國近代黨派發展研究新詮》（台北：時英出版社，二〇〇六年九月）一書各章。

第五章　再說丁穎的春秋大業

「三月詩會研究」一書，於去（二〇一〇）年由文史哲出版社出版發行後，我漸漸感覺到三月詩會每位詩人，都像一座「礦山」，我在該書所「挖」出的，其實只是「表層」，更多的尚未挖出呢！

本文所挖的是丁穎先生的春秋大業之一部。身為作家、詩人，只要有作品能流傳千秋，被代代人所傳頌；或被當代各級學校列入教材，其作品便是一種「經典」，他的春秋大業也就正式受到「春秋定位」的肯定。我現在要介紹的，正是丁穎在這部份的成就。

早在一九八四年，丁穎的一篇散文，「三分春色一分愁」，與朱自清、冰心、魯迅、巴金等各家的文章，同被列入「北京電視大學教材」（寫作文鑒，上集）（劉錫慶、張繼緬、吳炫編，新華書店北京發行所發行，中央廣播電視大學出版社出版，一九八四年十二月第一版，一九八五年二月第一次印刷。）全抄：

三分春色一分愁

〔合〕丁穎

冬，像一雙倦游的翅膀，悄悄地在暮色裡歸去。迎面姍姍而來的——春，似一位多情美麗的小姑娘，渾身帶著一種困人的誘惑；嫵媚的挑逗，多麼使人陶醉啊！

她若久別重逢的故人，給浪跡他鄉的游子捎來無限溫情，枯萎的生命又塗上一抹綠色的希望。我愛冬天，更愛春天；我愛冬天的雪，益愛春天的太陽。因為，人的心沒有雪那樣純潔；春陽那樣溫柔。亞熱帶的冬，雖不像北國那樣冰天雪地，但，卻有北國深秋的情調，惹人遐思與懷想！而春天，倒有著濃郁的故鄉底氣息呢？

「春色惱人眠不得」，燕語呢喃，落花飛絮，徘徊庭前籬下，縷縷莫名的稠悵和空虛縈繞胸臆。心之深處像是失去了什麼，而究竟失去了什麼呢？我亦茫然！

傍晚，懷著書本，懶洋洋地躺在綠茵的草坪上，凝視著蔚藍的蒼空，幾片淡淡底白云，如仙女撒下的花瓣，輕輕地飄過山巒，飄過海面；飄向遙遠……

我沐浴在大自然底懷中，讓柔和的晚風輕撫著鬢角，吹去一切郁悶的煩惱。

吹吧！吹紅了杜鵑，吹綠了柳絲，吹得柳葉兒絮絮細語：彷彿在切切訴說一個奇異的神話，在低吟一支愛與悲的曲子；吹吧，吹醒還在沉睡的人們哪！

冥色四合，倦鳥投林，歸家的牧童橫坐在牛背上，信口吹著無韻的短笛。我底書滑落在地上，看見他們遠去的背影，我想：我也該歸去了吧？然而關山重隔，云水茫茫，我將歸焉何處？

過時，一對情侶踏著夕陽餘輝，徜徉於小溪畔，攜手並肩，輕盈的笑聲是那樣甜蜜。啊！鳥語花香，處處給人以強烈的誘惑！春天，這富旖旎的圖畫，有哪位大畫家能描繪出萬一呢？

春天太可愛了，可是只有那麼一剎那！有人說：不要讓你的青春的生命就此枯萎了，在你底生活中應該有一個美麗動人的故事，然而，美麗動人的故事，我只能在書本裡去尋覓呢！

於是，我又從地上拾起我底書本，低吟道：「三分春色一分愁……」「縱然寶島風光好，還有思鄉一片心。」唉！這思鄉的一片心啊！有誰知道呢？

這本教材（寫作文鑒），可能是北京電視大學用來教育學子如何寫作之用，因此嚴碩勤寫了一篇讀後感，「自況的反思——讀丁穎的『三分春色一分愁』紀感」，亦收放在同一本教材。全抄如下：

自況的反思——讀丁潁的《三分春色一分愁》紀感

嚴碩勤

「東方風來滿眼春，花城柳暗愁殺人。」千古名句，令人懷思。然此傷春之作，又何止李賀一人？

「春風楊柳萬千條，六億神州盡舜堯。」萬古名句，令人嘆為觀止。然此喜春之作又何止毛澤東一人？

古今「遷客騷人，多會於此，覽物之情，得無異乎」？人是富於情感的，觸物興感，可謂自然。

但各人地位，境況不同，所感也就有千差萬別。作為辭章，或以歌頌、或以寄愁，而因春感興則是一樣的。

「紅酥手，黃藤酒，滿城春色宮墻柳。東風惡，歡情薄。一懷愁緒，幾多離索。錯！錯！錯！」這是陸游為個人的愛情失敗而悲吟。

「春天像剛落地的娃娃，從頭到腳都是新的，它生長著。春天像小姑娘，花枝招展的，笑著，走著。春天像健壯的青年，有鐵一般的胳膊和腰腳，他領著我們上前去。」這反映了朱自清積極進取的精神。

「至若春和景明，波瀾不驚，上下天光，一碧萬頃，沙鷗翔集，錦鱗游泳，岸芷汀蘭，郁郁青青；而或長煙一空，皓月千里，浮光躍金，靜影沉璧，漁歌互答，此樂何極！登斯樓也，則有心曠神怡，寵辱皆忘，把酒臨風，其喜洋洋者矣！」這是范仲淹興國家大義之嘆，抒發「先天下之憂而憂，後天下之樂而樂」的豪情。

那麼，台灣作家丁穎的《三分春色一分愁》則是何種感慨呢？多少年來，台灣與祖國大陸「相見不相聞」，雖近在咫尺，卻遠如天地。親朋無以團聚，國家無以統一。這到底是為什麼？為什麼？為什麼呢？作者正是通過這篇短短散文表達了一個「浪跡他鄉的游子」對自己處境的苦苦思索。

作品開始寫冬去春來。用「一雙倦游的翅膀，悄悄地在暮色裡歸去」，比喻冬的消逝；以「一位多情美麗的小姑娘」「迎面珊珊而來」，比喻春的出現。這裡作者沿用中國傳統的「以比起興」的手法，先描繪出一幅嫵媚的使人陶醉的春天景色。其意不在冬去，尤言春來。因為春天，「她若久別重逢的故人，給浪跡他鄉的游子捎來無限溫情；枯萎的生命又塗上一抹綠色的希望」。然而，已經「枯萎的生命」怎麼能因為「塗上一抹綠色」而復蘇呢？這裡看似溫情脈脈，實則無限悃悵。接著作者退後一步說：既便如此，我也愛「冬天的雪」和「春天的太陽」，因為，這在「人的心沒有雪那樣純潔；春陽那樣溫柔」的世上，冬和春畢竟還可以帶來故鄉的氣息，使我「遐思與懷想」什麼呢？作者並沒有把我們帶到他故鄉的春與冬的景色中去，而是緊緊抓住現實，繼續寫眼前的景色和此時的心緒。

「『春色惱人眠不得』，燕語呢喃，落花飛絮，」作者再一次起興，以引出縈繞胸臆的「縷縷莫名的惆悵和空虛」。這種稠悵與空虛，使「心之深處像失去了什麼，而究竟失去了什麼呢？」作者反身自問，陷入了苦苦的思索。幾十年來，風雨飄搖，歷盡艱辛，他得到的是什麼？是游子的「郁悶和煩惱」；他失去的是什麼？是故鄉與青春。然而這些卻不可言狀，只好「茫然」以對。讓自己那顆無處安放的心，乘上「幾片淡淡的白雲」，在「蔚藍的蒼空」中，「飄過山巒，飄過海面，飄向遙遠」的故鄉；讓故鄉柔和的春風輕撫著鬢角，「吹去一切郁悶和煩惱，吹去那昏睡的茫然」。

故鄉的春風是那樣的柔和，它給作者帶來了無限安慰，但是，作者意猶未盡，緊接著又一次起興，把我們帶到一個更深的境地。從對春天黃昏的景色的描繪和感受中、引出何去何從的重大思考。「冥色四合，倦鳥投林，歸家的牧童橫坐在牛背上，信口吹著無韻的短笛。」作者不加藻飾，平平淡淡，卻渲染出了濃郁的黃昏氣氛，而且還有，這中間隱隱蘊蓄著另一種情味：黃昏是這麼恬靜，而作者的心卻似「無韻的短笛」那樣單調、枯燥、煩悶。在這剪不斷、理還亂，難以疏泄的思緒中，作者終於找到了自己生命的歸宿：「我也該歸去了吧？」這是多少年來糾纏在作者心底，想說又說不出來的話啊！今天，竟觸景生懷、傾腸而出。接著作者將剛剛放下的心，又突然一提，「然而關山重隔，云水茫茫，我將歸焉何處？」是的，游子的生涯該結束了，但故鄉是如此的遙遠，如此的渺茫，我能不能歸去呢？如果能，那該不會是書中美麗的神話吧？如果不能，我又去向何方？難道還要在這裡沉睡下去，以度殘生？這裡，充滿了作者對自己人生道路的思索；同時，也包含了對未來生活的思索。

我們讀到這裡，好似言已盡，意已窮了。因為思索已盡致，即使作者手中有一支神筆，也似乎難以為繼了。出人意外，作者又把我們領進新的春景之中。「這時，一對情侶踏著夕陽餘輝，徜徉於小溪畔，攜手並肩，輕盈的笑聲是那樣甜蜜。啊，鳥與花香，處處給人以強烈的誘惑；」「春天太可愛了，可是只有那麼一刹那；」作者把自己對過去、現在、將來的思考連成一線，由春天的美麗，想到春天的短暫，又由春天的短暫，想到人生的短暫，「有人說：不要讓你青春的生命就此枯萎了，在你的生活中應該有一個美麗動人的故事，」然而，這美麗動人的故事我卻不能親身體驗，親自創造，「我只能在書本裡去尋覓呢！」這正是一個生活在台灣的游子的悲劇所在，所以，作者只能自苦自哀，自悲自嘆：「『三分春色一分愁……』，『縱然寶島風光好，還有思鄉一片心。』」只能將自己這一片思鄉的游子意向故鄉奉上。然而，即使是這樣，「這思家的一片心啊！」又「有誰知道呢？」作者把自己的一切辛酸，一切的悲苦，一切的郁悶，一切的煩惱，一切的思索，化作對故鄉的呼喚，令人潸然淚下。

「國破山河在，城春草木深。感時花濺淚，恨別鳥驚心。」反映了杜甫對國家喪亂，家人離散的痛苦思索。

「可堪孤館閉春寒，杜鵑聲裡斜陽暮。」表現了秦觀在貶官郴州時，對自己不幸的遭遇淒苦的思索。

「試看春殘花漸落，便是紅顏老死時。一朝春盡紅顏老，花落人亡兩不知！」寫出了林黛玉「葬花」時，悲切的思索。

身世不同，處境不同，對春的思索自然各異。這些思索大都是因一時之感而發，就一人之境而賦。雖然悲悲切切，自傷自憐，卻也多少能夠從中發掘出一些社會意義。丁穎此作，自無例外。作品中傷春以懷鄉的思索，應該說是反映了台灣人民向往祖國大陸的一片真心。這是自況自思的外延。

這篇作品篇幅不長，用字簡約，卻句句不離春意。寫春的誘惑，春的挑逗，春的溫情；也寫春的蒼空、春的白云，春的晚風；還寫「燕語呢喃，落花飛絮，」牛背牧童，夕照情侶。這些，從表面上看，處處都是美好的春景，實盾上是反襯「我」的「縷縷莫名的稠悵和空虛」。以提起層層思索。這「反襯」的手法用得好。

作品中每一次起興便有所感，起伏延伸，亦放亦收，使其思考步步深入，可謂一唱三嘆。這迭宕的手法用得好。

作者寫春天的美景並不是純客觀描摹復製，而是融進了強烈的主觀感情色彩，使這些景色都帶有作者自己的思想和人格的靈氣，造出有我之境，然後抒發自己的感懷，使全篇有景有情有思，有詩有物有我，多種因素熔於一爐，這「立體」的手法用得好。

作品中的「思索」都是以「自問」的形式表現，絕無議論和說理的直白，然其思索的問題，卻發人深省，這含蓄的手法用得好。讀此之作，所感頗多，紀此為止。

丁潁不僅是一位詩人、名作家，也是文化事業經營者，他所經營的「藍燈文化事業股份有限公司」，曾出版很多社會科學、文學的經典作品，讓數十年前那個精神「清寒」的年代，給很多文化人「高品質的精神糧食」。我無從再深挖藍燈文化事業的全部版圖，那可能得另寫一大巨冊的「藍燈文化事業發展研究」。但以丁潁著「西窗獨白」（藍燈出版），有多次再版，我手上是民國六十八年四月十二版，該書末有「藍燈文化公司書目錄」如下表。

葵心集	高準著	50.00
勵志詩章	劉載福著	45.00
實秋文存	梁實秋著	25.00
世界文學家側影	張默編著	25.00
詩人與驢	余光中著	25.00
兩性關係社會觀	木頴編	25.00
心理與力學	李宗吾著	25.00
異行傳	張默生著	24.00
象牙塔外	王曉波著	22.00
焦慮的一代	周伯乃編	22.00
也是小市民的心聲	民言等著	6.00
孝經的時代價值	鮑登雲著	20.00
雅俗文粹	常青青編	35.00
川陜楚白蓮教亂始末	辜海澄著	70.00
人生叢譚	劉載福著	45.00
中國十大詞家	劉載福著	（平）60.00 （精）85.00
幽蘭春夢	傅夢華著	25.00
中國婦女與文學	陶秋英著	35.00
中國近代名人軼事	左舜生著	20.00
倫敦遊記	朱自清著	15.00
論雅俗共賞	朱自清著	20.00
默僧自述	張默僧著	25.00
青梅之戀	田原著	40.00
詩之蕾	艾凌著	40.00
流花集	姚霓著	50.00
石廬小品	石瑛著	40.00
南溪春曉	楊敏村著	50.00
朱夜選集	朱夜著	120.00

青年文庫

心月	吳東興著	40.00
青青的田園	藍天著	40.00
靜修小語	靜修著	40.00
掌聲以外	尤增輝著	40.00
零時的歌	劉錦得著	40.00
大學散文選	丁頴編	45.00
隧道外的芳草地	艾靈編	50.00
生命的光輝	張瀚仁著	45.00

學術叢刊

美學原論	金公亮著	40.00
法國文學史	（MANUEL DES E TUDES LITTE RAIRES FRANCAISES）	400.00 （精一、二冊）

藍燈文化公司圖書目錄

知識份子叢書

知識份子與社會	李慶榮著	45.00
知識份子與政治	陳少廷著	40.00
知識份子與教育	陳少廷著	40.00
知識份子與廢物	李慶榮著	40.00
知識份子與覺醒	郭楓著	45.00
當前教育批判	尉天驄著	45.00
現代思潮分析	文濟著	45.00
西洋近代文藝思潮	徐偉著	45.00
在聖雄甘地左右	聖提著	40.00
玫瑰書簡	金劍著	40.00
法國漫談	陳三井著	45.00
雞啼鬼走	李慶榮著	45.00
過度幽默	文可式著	45.00
天窗集	尉天驄著	45.00
解醒集	王爾敏著	40.00
諤諤集	陳少廷著	45.00
有影子的人	大荒著	40.00
張愛玲與宋江	王拓著	45.00
一個大學生的覺醒	李筱峰著	45.00
十大爛片風波	高山隼著	50.00
知識分子的勇氣與責任	羅惠光著	50.00
洛城草	翱翱著	50.00
當前世界的紛爭	徐代得著	45.00
學術的變形	陳三井著	50.00
大學生看社會	黃宗文著	50.00

藍燈叢書

南窗小札	丁頴著	50.00
西窗獨白	丁頴著	50.00
白色的日記	丁頴著	50.00
傅鐘下的投影	陳鼓應等著	50.00
第五季的水仙	丁頴著	40.00
人生與自然	梭羅著 楚卿譯	40.00
西園秋色	亞媺著	40.00
祇是因為寂寞	周伯乃著	40.00
帶淚的百合	於梨華著	25.00
心靈札記	張默編著	40.00
現代詩人散文選	大荒・彩羽編	25.00
紀弦論現代詩	紀弦著	25.00
牧草與流煙	亞媺著	45.00

如上表，在那思想「荒涼」的年代，丁穎已經為這片土地的生民注入心靈活水。有許多當代名家，如金劍、大荒、陳鼓應、亞嫩、周伯乃，於梨華、張默、彩羽、紀弦、高準、梁實秋、李宗吾、王曉波、左舜生、朱自清、田原、金公亮等，都把自己的作品給丁穎出版，很多是再版多次，可見丁穎的文化事業一度經營的很成功。只是這新的廿一世代，絕大多數人已忘了過去，包含這群三月詩人過去的輝煌，尚有多少人知道，我只是不願歷史盡成灰，才有重新把他們挖出來的動機。

當然藍燈也出版丁穎自己的作品（如上表），其次三月詩會雅聚，我和丁先生說笑，「你寫了南窗小札、西窗獨白、北窗囈語，現在就缺東窗事發！」

確實，現在「東窗事發」了！自從我出版「三月詩會研究：春秋大業十八年」（文史哲），我慢慢把三月詩會詩人過去的輝煌，逐一挖出來（及詩人提供自己保存的史料）。再一年多就是三月詩會成立二十週年紀念，再把他們「整理」出一本「三月詩會二十年紀念專集」，讓詩人們再青春、再鮮活一次，是最佳的紀念方式。真的「東窗事發」了！

丁穎另一項也深值頌揚的春秋大業，是他主編的「當代中國名作家選」，這本選集是島上第一本文學作品選集，詳細史料早已不在。但從網路上「藏書歲月之二丁穎主編當代中國名 作家選集：無名小站」，仍可得少數資料，其小說和散文之部如下表：

按「當代中國名作家選集」，編於民國四十五年，於四十八年出版，歷時三年，當時丁穎才二十七歲，選集作品如下表，王藍、公孫嬿、朱西寧、徐訏、郭衣洞、琦君、彭歌、楚軍、潘人木、尹雪曼、林海音、胡適、張秀亞、陳紀瀅、蘇雪林……想當年，只要肚裡有點「墨水」，有點文化水平之人，無不讀他們的作品。

然而，現在我偶爾碰上幾個玩的正夯的現代年青人，問他們：「你知道公孫嬿、蘇雪林或林海音是誰嗎？」

他們起先是傻傻的看著我，一會兒問說：「他們是誰？是不是前夜攻擊路人的那票飆車族男女？」

這很可能是台灣社會這個新世代的「普通性現象」！若然，這個小島還真沒救了！三月詩會詩人的春秋大業也真的成為歷史！

但至少對於詩人，他曾走過一段自己創造的輝煌，他努力過，他這輩子值得。就好像中國歷史上那些動亂分裂的年代，魏晉南北朝、五胡十六國、元末、明末、清末，乃至勢同「南明」的中華民國，多少傷痛悲涼！多少妻離子散！無數戰爭和死亡！

一樣有一群「老一輩」的詩人吧！他們以自己的生命點燈，盡可能照亮，也創造了另一個新時代，讓歷史順利走向新的朝代。丁穎在這變局中，他，引領風騷。

丁穎主編《當代中國名作家選集》封面

丁穎主編「當代中國名作家選」（小說散文之部）			
小說：	彭歌：憂鬱的靈魂	王書川：鳳凰木	雪茵：橘之戀
王平陵：老情侶	黃思騁：虛驚	王琰如：一幅畫的故事	梅遜：荷花
王藍：女友夏蓓	鳳兮：含羞草	尹雪曼：綠屋書簡	張秀亞：父與女
公孫嬿：金門之女巫	楚軍：羅芙娜	尼桑：鄉旅心曲	陳紀瀅：藤蘿
司馬桑敦：山洪暴發的時候	趙滋蕃：危城	艾雯：花開時節	黃仲琮：蓄木湖
朱夜：火山邊緣	潘朗：再生	匡若霞：蔗園風光	楊樺：養貓記
朱西寧：劊子手	潘壘：醉	李青來：啟示	劉枋：養女心
余之良：康兒・莫特拉罕	潘人木：此恨綿綿	季薇：藍湖拾翠	謝冰瑩：流星
沙千夢：女人和小販	蔣國楨：馬虬海	呼嘯：家園戀	鍾梅音：十年
依風露：沙漠中的一朵玫瑰	劉心皇：貓與女郎	林海音：冰上的日子	蕭傳文：蛙聲
林適存：同病者	蕭銅：殘紅	馬各：春天	蘇雪林：太平角之午
徐訏：父仇	穆穆：亡國恨	胡適：從拜神到無神	
郭衣洞：魔戀	魏希文：高傲與冷漠	姚葳：媽媽是神	
郭良蕙：小女人	散文：	宣建人：人生旅程	
郭嗣汾：杜鵑花落	王文漪：鄉居閒情	孫旗：蛹之呈訴	
張漱菡：獨身者	王怡之：綠	徐鍾珮：阿黑	
琦君：聖心			

註：資料來源：丁穎先生提供。
（http://www.wretch.cc/blog/ldj6/22261512）

丁穎主編「當代中國名作家選」（新詩之部）		
丁穎：祈禱	洛夫：烟囱	瘂弦：諧奏兩章
方思：夜	紀弦：飲酒詩	蓉子：寂寞的歌
白荻：囚鷹	馬朗：北角之夜	鍾鼎文：遙念
李莎：默念	張默：陽光頌	藍丁：魔笛
余光中：別羅莎琳	張自英：開拓者	羅門：COBE 我心靈中不滅的太陽
吳望堯：採礦者	覃子豪：花崗山掇拾	
亞汀：紅葉	彭捷：山居書簡	
林泠：火曜日	彭邦禎：淡水河	
林間：秋	黃用：贈	

第六章　補說丁穎主編的《當代中國名作家選集》

考證工作的「敵人」之一是時間，經過越久，越難「重建」原樣。例如，考古學家挖到一條「恐龍腿骨化石」，就只能根據「瞎子摸龍」的方法，推知其品種、長像或掠食傾向等，畢竟已過了幾千萬年了！且只有腿骨。

三月詩會詩人的春秋大業，並非已過了幾千萬年，頂多也不過是半個多世紀、五、六十年前的往事吧！但因他們沒有「國史館」、「史官」等，為他們典藏和紀錄行誼；重量級的史家（至少國家級）可能也看不到「我們這塊」，三月詩會詩人是何方神聖？是故，儘管三月詩會詩人的豐功偉業，才過了半個世紀，但資料隱軼程度已如古代史。東一堆，西一點，一點一點「出土」。但「名作家」總會成為某些人一生中珍貴的記憶，從電腦鍵入「丁穎主編當代中國名作家選集」，許多資料中，有一筆人們的想念：

民國五十四（一九六五）年十月我自緬甸回台灣升學，第二年在台北市買了一本「當代中國名作家選集」，這兩天在書櫃裡找到它，很遺憾封底最後一頁不慎撕掉，不知道這本書的出版日期。但書裡我寫下購於「民國55年12／1台北」，確定這本書是民國五十五年買的，至於12／1，究竟指的是十二月一日還是一月十二日？我自己也搞迷糊！不管年初年尾，這本書，已陪伴我四十二年了。

原來這位丁穎的「粉絲」，因喜愛文學，也因為曾在緬甸仰光華文書店工作一年，摸過一些三十年代中國作家與五十年代香港作家書籍，在回台灣之前，對台灣作家僅知二、三位。一九六五年回台灣後買了「當代中國名作家選集」，終於接觸到當年知名和新掘起的台灣作家群。

丁穎主編的這本「當代中國名作家選集」，收輯海內外作家八十一位的作品，其中小說二十九篇，散文二十九篇，新詩二十三篇（各篇三至五首不等），每篇前有作者簡介。本書何時完成？丁穎在前言提到，本集編印工作，歷時幾近兩年。於四十五年初，向各方作家約稿，開始編輯。但為慎重起見，所選每位作家之作品，經再三挑選以臻完美無缺之理想。所選各家不但就其過去成就的程度，而且重視其目前的寫作態度和前途而定取捨。務求每篇都能達到充份的代表性為止。因此，編印工作前後費時將近兩年。

這是丁穎編輯該書的慎重態度，中國文人自古以來視作品（文史哲類），為一種春秋大業，不論創作或編輯別人作品，都站在「春秋的高度」，所選所編必是經典作品。丁穎也在該書前言說到編輯動機：

> 中國新文學，自「五四」文學革命以來，即以突飛猛進、一日千里的姿態，盡括文壇地位而居之。數十年間，舊文學已被汱出文壇，成為極少數人的「古董」。在這數十年間，名家輩出，作品的質量，均極豐富。尤其近十年來，素質更日見提高，舊文學的渣滓，已被洗除盡淨，作品的內容形式，都臻於新鮮、完美。無論小說、散文、詩，其創作水準，都超越了任何時期……這樣一個時期，極應有一部能代表整個文壇的作品總集，作為新文學發展的輝煌里程碑……

丁穎的論述，我雖未必能完全贊同，甚至還有很多論述的空間，但那是另一個研究領域，畢竟本書在彰顯三月詩人的春秋大業。

從另一方面看，丁穎編輯該書的時代，確實是「大師滿街走」，如王藍、公孫嬿、朱西寧、琦君、彭歌、潘人木、尹雪曼、林海音、胡適、張秀亞、謝冰瑩、蘇雪林、余光中、洛夫、紀弦、覃子豪、鍾鼎文……也顯見那是一個文學輝煌的時代。

丁穎編輯該選集，原計畫「以千頁巨冊問世，但因印刷等關係，無法達成理想，不得已緊縮成二十四開三百五十頁出書。」我想最大的原因可能是經費問題。

關於丁穎先生主編的「當代中國名作家選集」，到底出版於何時？網路上的小站、丁穎給我的零星資料，其年代和內容小有不同（其中必有一錯）。最後還是丁先生把他手上唯一的珍本並已絕版的「當代中國名作家選集」送我，才依書上資料做修訂更正，該書於民國四十八年五月由文光圖書公司（台北市西寧南路二四一號）出版發行。

丁穎這本選集，有小說、散文、新詩三部份，均見「丁穎的春秋大業」一文，每一位作者都有丁穎寫的小傳，若想知道五十多年前台灣文壇上的名家名品，和作家的早年歷史，這本「當代中國名作家選集」，還真是必讀！

關於「當代中國名作家選集」，為何沒有收入三月詩會作家作品？丁穎曾在民國一百年十月寫一封信給我，提及此事。原因是書中所選作品都是作者自己所選，他（她）的書信往返現存部份，三月詩會詩友當時只有麥穗和佑華認識，當時不知他們地址而未向他們邀稿。丁穎表示「此為我唯一的遺憾」，也確實，三月詩會老一輩作家（詳見我另著《三月詩會研究：春秋大業十八年》，文史哲出版社，二〇一〇年十二月）很早成名，若有機會或熱情尚在，其實遺憾尚可彌補，何不編一本「三月詩會作家選集」。所不同者，只是心態，以前充滿使命感，要為民族負責，為文壇負責，為偉大的時代負責。如今，一概不為何方神聖負責，只是快樂、欣賞、把玩，一種晚晴的生活方式，使生活中多一點樂趣，多一件「爽」的事兒！

丁潁在信中也談到，當年編那本選集碰到的一些困難，為何有勇氣幹那種事，除了年輕氣盛，就是小說家朱夜的一再縱容。不論如何！總算完成使命，使五十多年後的今天多一些回憶。

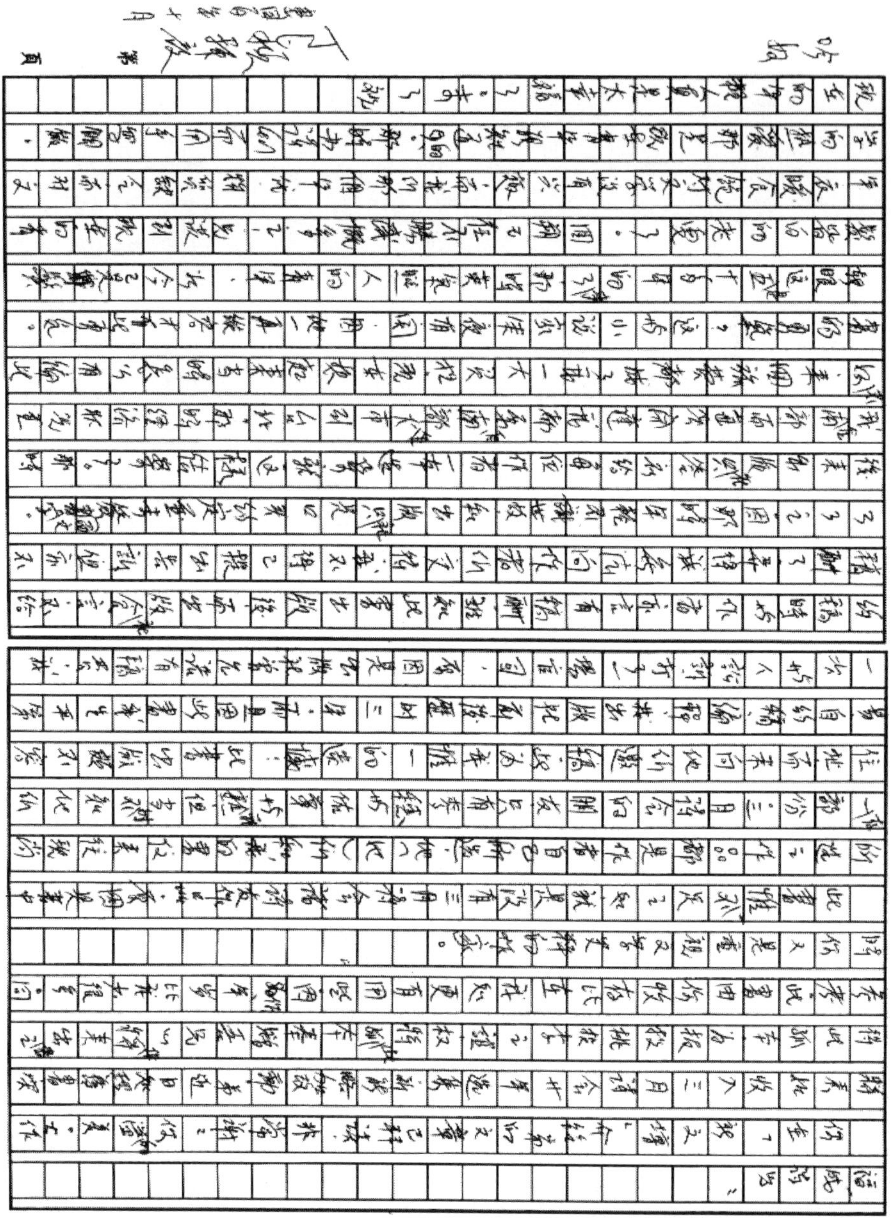

第七章 讀金筑新詩集《擊掌》箋說

金筑先生自二〇〇六年出版「飛絮風華」，佳評如潮。經三年多沈潛，其實如他一貫的「如切甘磋、如琢如磨」，這是我所了解的金筑大哥在新詩創作的精神，他善於琢磨創新，三月詩會每月他提出的作品都有新發明。

論發明新字詞、創新意或有新發現，金筑在我心中的地位，是當代各詩家的第一名。了解金筑詩風，常讀他作品的人，應能同意我的說法。

但現在讀金筑最新出 版這本「擊掌」（文史哲、二〇一〇年九月），我發現金筑也重視「史記」，他積極參與兩岸詩壇活動，這是他的個人史，也是兩岸文壇發展史；再者，我對這位詩壇大哥最深刻的印象，是也善於「搞浪漫」，經營浪漫氣氛，我從這幾方面箋說淺見。

金筑應邀參與大陸詩壇活動例舉箋說

一九九五年「九歌行」，金筑隨訪問團在北京與詩人周淑蘭小聚，「蘭褉」一詩寫他們的短暫相聚和離情，蘭褉指的雖是朋友，但「情詩」味很濃。起始「你翔飛的眸子／瀲灩柔柔的纖情／且嵌成一方鏡幕／將懷想倒影成真」，這開始的第一段已將「夢中情人」，示現成真，中間幾段講他們小聚如醉。最後一段詩人說「臨別依依、淚灑燕京」，真「有那麼嚴重嗎？」確實，情到深處，能不揮淚乎？

臨別的凝眸
淒淒楚楚　從冒睫升起
有意的隱避　欲除怯離緒的依依
夢寐的小聚
太匆匆
只能低低道聲珍重
共同預約　彩繪一幅

菊　黃明天

詩人的情多麼純真、浪漫，也見金筑「搞浪漫」的功力。千禧年九月十四日詩人隨「九州行」諸君子，前往成都浣花溪畔訪杜甫草堂，「晉謁詩聖」是一首一百一十行的長詩。身為一個用中國文字書寫詩情的詩人，不論是誰都想到四川杜甫草堂謁見詩聖！一生至少一回，或多幾回更好，若一生未到杜甫草堂是一種遺憾。詩人一進草堂，「瞥見／浣花溪倒流　時間逆向／乾坤西升／／拾取一枯枝／竟然陽春嫩條　倒回了青春／逝去的光陰　找回翠綠的年華」。這是詩筆的神奇！實際上是詩人心境的神奇！浣花溪並未倒流，時間也未逆向而行，只是到了草堂人們似乎回到青春。這首百餘行長詩，詩人一氣一揮而成，金筑經營長詩功力也是了得。詩人冥冥中回到一千多年前，與詩聖閒聊，到了末段他又回到人間，從廿一世紀的視野揚頌詩聖：

揮別千年前的景致
「車轔轔　馬蕭蕭」／……
一代　一代

傳承詩聖　句句火鍊　字字珠璣
不朽的金聲玉振

詩中「句句火鍊　字字珠璣」，是詩人創作的嚴謹心態，在當代詩壇上金筑以煉（鍊）字句聞名，深得杜甫之真傳。

「月亮・故鄉」是金筑多次朗誦的詩，每次都是盛況空前的掌聲，第一次是二〇〇四年九月重慶西南大學主辦「首屆華文詩學名家論壇」。第二次二〇〇九年海峽兩岸詩壇活動，金筑都寫下自己的歷史。在所有金筑新詩創作中，思鄉作品不僅是經典也是質量都有可觀。

端起一杯寂寞
柔婉月光醞釀的淚水
杯中溢滿你的影子
一飲而傾　飲盡　飲盡
鄉思的點點醉

月亮在窗前徘徊
帶著故鄉的影子一起來
故鄉在窗前徘徊
……

兩岸自開放交流以來，金筑參與文壇訪問大陸，或接待大陸來台的詩人文友，可謂不計其數，因這些活動而提出的詩作產量頗多。在我對金筑大哥作品的了解，他「搞浪漫」也是一絕，再從「擊掌」詩集看他搞浪漫的功力。

「晚霞滿天」詩中金筑夫人的華「鼈」箋說

「擊掌」詩集中，有三首詩是金筑為愛妻而寫，分別是「晚霞滿天：給妻的旋律」、「另外的淵流」和「遲來的三月」。

我敢說所有男性詩人都曾為女性友人或女詩人寫過詩，寫的很浪漫，暫稱為「情詩」吧！但有誰聽過為老妻寫情詩？若有，這位男性詩人必是聯合國列入要保護的「濱臨絕種物種」！

我想說的正是我認為台灣當代詩人中，最為浪漫的「浪漫詩人金筑」，我所認識的男性詩人中，為妻寫情詩並非沒有，但止於婚前到新婚。至於結髮數十年，仍為老妻經常性的有浪漫情詩呈獻給愛妻，則僅金筑一人。前面金筑的三首給妻的詩，以「晚露滿天」一詩最浪漫而「誇飾」讀其前兩段：

女王穿的「氅」　英女王 訪清真寺　人間福報 2010.12.1.

英國女王伊麗莎白二世（後排右二）以英國聖公會基督教最高監護人身分，日前應邀參觀阿拉伯聯合大公國阿布扎比的扎耶德清真寺，象徵新世紀宗教間的和解與對話，有支持世界和平的重要意義。為表示對伊斯蘭寺院習俗的尊敬，女王身穿白色大氅，帶著頭巾、帽子和手套，脫去皮鞋赤腳進入。女王和丈夫親王聆聽了清真寺附屬學校學生誦讀《古蘭經》，並參觀寺院的文化、宣教和教育設施。

文／人間社記者觀欽 圖／法新社

日薄崦嵫
妳披著青春的華氅
融入霞蔚的綺麗
來赴夜宴
感於妳的至真　勇敢
我將霞輝
投映妳暖花如錦的晚裝

彩影中
聆聽妳
高亢入雲的誦詠
婉轉　麗空　拔昇
將夜鶯　晚蟬　睡蓮
渲染如清晨的音籟

這是一首絕對能抓得住女人心的情詩，頌揚女人盛裝參與晚宴，其吟詠之聲如天籟。我打賭，任何正在追「馬子」的男性，把這詩照抄或改幾字寄給女友，必打動芳心。但這首詩我刻意注意到，第一段第二行你披著青春的華「**氅**」，何謂「氅」？讀音ㄔㄤˇ，鶖鳥（又名禿鶖，形似鶴的水鳥）羽毛做成的裘衣，稱為「氅」，極為高貴之女人服飾。金筑用「氅」字形容愛妻那晚的穿著，到底金筑夫人是否真有一件「華氅」？此不重要，因為這像「白髮三千丈」那樣，是一種筆法的誇飾。

吾人大多未曾見過「氅」之實物形相為何？含筆者在內。巧好！天助我和金筑，寫本文時正看一則新聞，英國女王伊麗莎白二世以英國聖公會基督教最高監護人身份，應邀參觀阿拉伯聯合大公國阿布扎比的扎耶德清真寺，女王所穿正是一件連身的大「氅」（影印如附）。仔細端視這件女王的氅，和金筑詩中描寫愛妻穿的氅，應是所差亦不多吧！

金筑詩作風格的浪漫意象箋說

著名詩人白靈在為「擊掌」詩集提序時稱，金筑寫得最好的詩則是他精神向內「收斂」為文字，飽含了能量的表現；而我讀金筑的詩，卻從彰顯、誇飾情意的表達，向外「測量」他，對兩性關係所把持的「距離」，從此一思維，再來讀幾首很有「情味」的短詩，先讀「和春」：

寒夜

冷氣颼颼
　煮詩當酒
　　飲於你的靨渦
　醉紅了豔眉
盪漾春河
　　泛綠了秋波

這首詩故意排列成上下起伏很大，表示情緒高低盪漾的落差與不定，意象清楚有所指涉。再讀「綠的風景」：

你的美麗
　淡抹一嶺黛
　綻放一天藍
　　泛漾一波春露
一頭栽入景緻
　　綠滿心懷

這首「綠的風景」，明寫景暗述情，也有另一種情味。事實上，古今中外的詩寫的不外是情（主觀世界），以及景（客觀世界），有人偏重其一，有二者合一。金筑則一手寫情，情中亦有好風景；一手寫景，景中富情意，故能使情與景都浪漫，他最深刻的圖像亦「搞浪漫」（不信看詩集照片）。

第八章 三月詩會「創黨」元老金筑

——有心用心的金哥哥

幾年前，我出版一本集科幻、勸世、情色、輪迴轉世的小說，「奇謀・迷情・輪迴」（文史哲出版），同時也辦了一場研討會，金筑（謝炯）大哥參與盛況，提文批判那本小說「胡說八道」。他那溫而不怒的神情，我至今記憶深刻，那種「溫和恭讓」的修行，真的已到了孔老夫子的境界。

他那種謙和神情總叫我這後生小輩更加敬愛他，碰到他總要一聲聲的叫他「金哥」、「金哥哥」，同時手挽著他一起散步。但他批判我那本「奇謀・迷情・輪迴」小說，主要有一部份我把西方天主教基督教寫成資本主義和帝國主義的前導，這是我研究西方思想、政治發展看到的真相。正好金哥哥是基督徒，他必須提出批判。

但說到「胡說八道」，我以為小說的本質就是胡說八道，你看那武俠科幻乃至電視當紅的八卦劇、韓流、日劇，那一部不是胡說八道，胡說越離譜越當紅；中國四大部小說那一部不是胡說八道。只是要胡說的「真善美」、胡說的動人心弦，那就不容易，那是文學極品。幸好！我那本小說聲明了是「實驗小說」！

資本主義、帝國主義、小說，皆非本文主題，可見筆者其他相關著作，這裡暫且不表。

本文要說的是「有心用心的金哥哥」，這是我對金筑大哥在人際關係上的感覺。不僅對朋友，對愛妻更是「有心用心」的深情（見讀金筑新詩集《擊掌》箋說一文）。

說「有心」，當然是人人都有心，大凡「動物」必有一顆心，否則斷然難以存

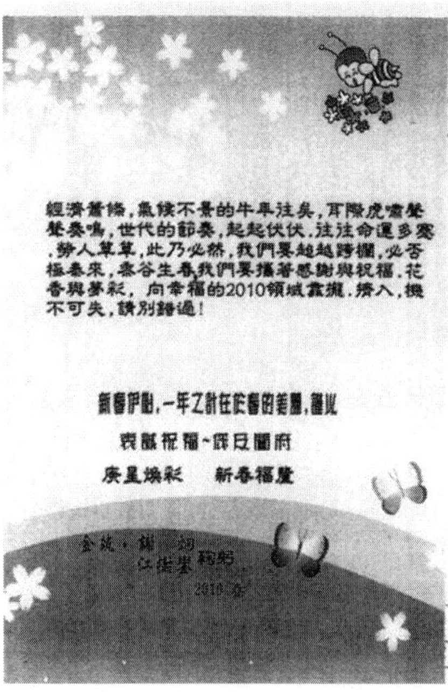

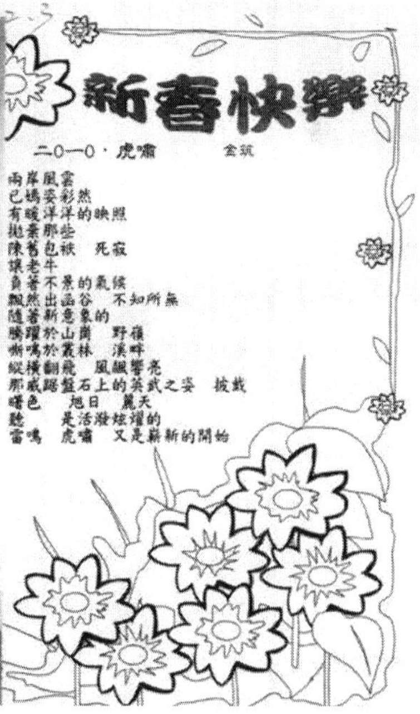

活；就算沒有一顆父母給的先天所得之心，也一定有後天裝上的人造心。所以，我說金哥有心用心，是說他真心細心體貼並化為行動的實踐力行精神，這種精神就是我師父星雲大師大力提倡的「存好心、說好話、做好事」，此「三好精神」也！

「三好精神」說了容易，有嘴巴的都會說，但有多少可以力行實踐的。不說別人，我自己是身為皈依的佛弟子，講起有多少遵照師父所言去努力修行，還是很慚愧，還是別提。但三月詩會這位老詩人金筑先生他做到，他用心細心去做，我一向會留下這方面金哥的一些「證據」，否則很多人以為我胡說。

這個時代已經極少人寫賀年卡，更別

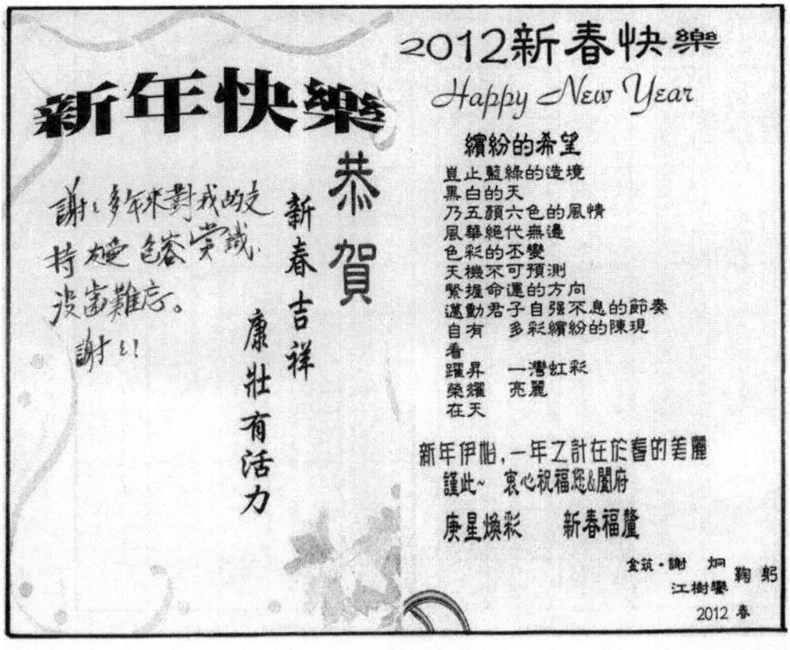

提自製賀年卡。但金筑哥每年用紅色或彩色自製，畫上美麗圖繪，提一首感性的現代詩。落款處也一定夫妻聯名。我此處例舉公元二〇一〇、一一和一二年他寄給詩友文壇，我保存的三張賀年詩作，落款處是「金筑・謝炯　江樹鑾」，這種始終把老婆緊緊的抱在一起，我敢說不僅詩壇就是別處也「絕版」了。再者，金哥每年的賀年作品也一定會提一首詩，有時用寄的，若春節前正好三月詩會集會日，便現場分給大家，二〇一〇年詩題「二〇一〇・虎嘯」：

兩岸風雲
已嫣姿彩然
有暖洋洋的映照
拋棄那些
陳舊包袱　死寂
讓老牛
負著不景氣的氣候
……

雖是賀年詩，也正好和時代背景、兩岸關係意有所指，體現老詩人對時代政局的關心；末尾三行給人充滿著希望，「曙色　旭日　麗天／聽　是活潑炫燿的／雷鳴　虎嘯又是嶄新的開始」。詩句彰顯的新意象、新氣象，是金哥的拿手，再讀另一首二〇一二賀新春的「繽紛的希望」：

豈止藍綠的造境
黑白的天
……
躍昇　一灣虹彩
榮耀　亮麗
在天

二〇一二年春節前幾天我才收到金哥賀卡詩作，時間上他在等大選結束，果然馬英九取勝。這首詩寫經過「藍綠造境」（其實是對決），小馬取勝代表一種希望。但詩的最後兩行「榮耀　亮麗／在天」，這兩句用的真是神奇，意指馬英九取勝是天意，合乎天理、天道的，也就是人心民心所欲。確實，台灣的未來「和平、安全、統一」已是一條不歸路，統一「機制」已經啟動，不可逆！未來十幾年內必是「冷水煮青蛙」般的，就「水到渠成」般就統一了，神鬼不知，山亦擋不住的，中國就完成了統一。

也許有人要問：那獨派怎麼辦？我說放心，他們不會去跳樓或跳海，台獨份子的思維基本上是一種「機會主義」者，大家都心知肚明，搞台獨只是搞假的，重點是污一些錢，搞個位子（搞什麼「位子」的目的也為方便搞錢）。他們心裡很清楚，當長江黃河浪潮沖來，濁水溪那幾滴水能幹啥？民進黨敗選不久，內部已有人認為「九二共識」不能「通通否認」！獨派下一步將如何？亦「在天」了！在天是天理天道！

還有一首二〇一一年「脫兔歲次的逸致」，是一首有時代性、華美又能鼓舞人心的好詩。第一段那幾行是他歷史觀，視野很高：

藍藍綠綠的爭執
長長扁扁的較量
終將

幻入輕塵　硝煙　空茫

想想中國歷史上的分分合合，有如一條公式般「合久分、分久合」；看看那三國紛爭今何在？魏晉南北朝的大分裂，終究又是大一統！那些爭執、較量，不久幻入空茫。

第二段末句「是夢被暖熟的痕跡」，不僅是新句法、新意象，亦有深意又高明的造句。尤其鼓舞人心，警惕作用的第三段，「撲朔迷離不宜」而

守株　待兔
更切忌

脫兔歲序的逸致
歲次
進入　脫兔之年釐
輕盈的歲月　細細巧巧
祝君
新春奔騰　風發
那些
藍藍綠綠的爭執
長長扁扁的較量
終將
幻入輕塵　硝煙　空茫
二０一一年
掌握繆斯的啟示
讀風　觀雨　吟詩　賦歌
情結可能殘陋
請投射生命的光影
閃耀向光華亮麗的天
如斯
將會有艱辛的腳印　乃
是夢被暖熟的痕跡
孜孜惕厲——
撲朔迷離　不宜
守株　待兔
更切忌
2011新春快樂
Happy New Year
福成詩兄
歲月運轉，前進不息，生命孳生　綿綿無盡，兔卯馳脫，快速敏捷，蕭索的景象，似乎已過去，應是風華奔騰，啓動的到來，我們心懷感恩，接受上帝的賜福，進入神恩的領域，迎近三陽開泰，萬象千秋的肇始，我們勇敢　奮發　掌握　機遇不可失，
新年伊始，一年之計在於春的美麗
謹此~　衷心祝福您&閣府
康星煥彩　新春福臨
金筑・謝　炯
江樹鑾　鞠躬
2011 春

只簡單的幾行幾字，便表達了完整深意，給朋友有了鼓舞作用。讀金哥的詩總有清新的感覺，感受他的有心用心。

本文另一主題是重新界定本會創會編組，及現仍在會的「四大元老」改「五大元老」。兩年前出版《三月詩會研究：春秋大業十八年》時，在該書第六章回述一九九三年三月十三日，「三月詩會」創會成員簽到，麥穗先生給我兩張簽名錄（見該書第一〇八和一一〇頁），一份有田湜無金筑，一份有金筑無田湜，到底何者才是創會第一次詩會的簽到錄？向來都以有田湜者為準，故說現仍在會的四大元老是晶晶、王幻、謝輝煌和麥穗四人。

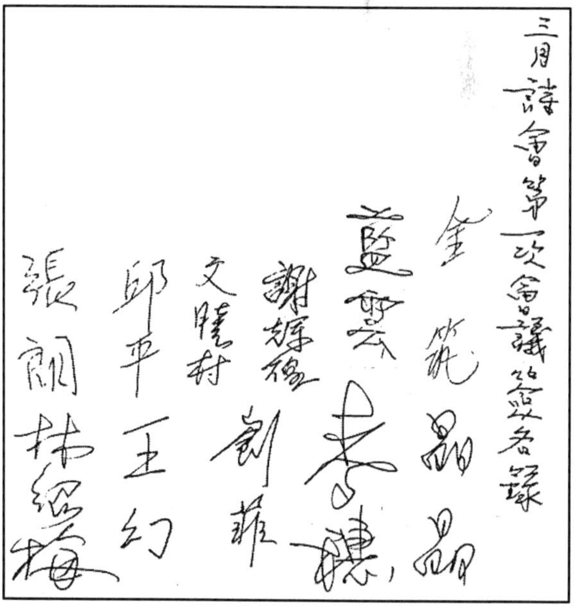

直到《三月詩會研究》出版後，仍在討論到底何者才算「三月詩會第一次詩會簽到」？因為這關係到一個人的「歷史地位」，那便是金筑先生。

終於在二〇一一年冬之際，麥穗大哥很清楚的告訴我，「田湜參加的是籌備會，以後就沒參加了，有金筑簽到的才是『三月詩會第一次詩會簽到』，這才是正確的。」並出示這份簽到（如附印）。

準此，目前詩壇上眾口流行的三月詩會現仍在會的「四大元老」不正確，應是「五大元老」，他們是：晶晶、王幻、謝輝煌、麥穗和金筑，這五位才是當初創會的十一人中而仍在會的。在這本三月詩會的二十年紀念集，終於還給金筑一個歷史公道。

末了，要如何的總結這位老大哥？難不成用三張賀年詩作就可以斷言一個人如何？非也！但已能窺知一個人的基本思維和屬性，此謂「從一朵花看天堂、從一粒沙看世界」。古人（當代心理學家亦是），亦有「七歲看一生」（更有早到三歲者）之言。所以別小看了金筑哥寄出那三張賀年詩作，裡面秘藏著他的有心用心，彰顯出他的豁達和創新的人生觀，有他的人生「密碼」。用金筑的一首詩「自勵」引證我的觀察。

自勵

金　筑

人生的途徑都是曲折　多難
在乎　有人能將路走直

　從荊棘中走出來
不明究裡的人
認為　是
好命　亨通無阻
　　一帆風順

路　必然很狹窄
　又艱險　顛顛簸簸踉蹌溜滑
上路了　漢界楚河　卒子爭渡
就是義無反顧　勇敢直前
　　坎坎坷坷　跌跌痛撞的
　　　搖撼著心旌　衝擊的
走出

何不瀟灑一點

　不必跼促一隅
把自己幻化為一顆星罷
夜夜長明
　舞台是空際
盡情揮灑
豈不愜意
　前面是銀河　要走長遠的路
歇歇腿　浸浸腳
　　為承接宇宙的噓息
　　喘口氣
把命運交給
　努力　繼續　再造
　　反復的滌洗　腳浸
瑩瑩的燦光

把自己閃爍
好好的把握　遠瞻的憧憬
有一個晶晶的亮眼
等著去點明
豁達
一則醒目的風采

二〇一〇、四、二十
二〇一一、八、十五

第九章　三月詩會次元老：女詩人關雲

關雲姊叮寧著要針對她的詩好好評評，我很是心虛，因為我從不寫詩評，叫我寫詩評如同「外行管理內行」。在詩的領域內，人稱關雲是「女詩人」，詩壇上應無異議，且有共識共認她具備「女詩人」的條件和水平。

但說陳福成是詩人，詩壇上定有異議，就我自己也對現代詩的心態不夠「正常」。第一我把寫現代詩當成一種生活日記，記錄生命中一些感受，至於寫的東西合不合「現代詩」要件，我不很在意。第二我把詩當成一種把玩或愉樂活動，更甚至有時如同「玩」股票，不過是玩玩而已。是故，寫詩雖「執著」四十年，但不很正經，亦不敢忝列詩人此一神聖之「神壇」。

居於「外行不能評內行」原則，我自然不評關雲的詩，但我可以說說、可以欣賞，乃至可以鼓舞，鼓動人心，把關雲姊的詩就真實情況如何！至少也得說個幾分準頭，體現我的真誠。

再者，關雲的女兒宗玉潤也是一個小詩人。二〇一一年三月，關雲帶著女兒兩本手工製作精美的詩集（未出版），《笑看紅塵》和《相思未了時》，都是短詩，共約百首之內，我一一細讀，甚感震驚這小女生竟有不凡的詩藝才華，另在下篇介說。

當一九九三年三月「三月詩會」正在誕生之際，第二年一九九四年六月四日，關雲和詩壇上的四位女詩人也開辦了「谷風詩報雜誌社」，共五位女詩人（關雲、晶晶、王碧儀、宋后穎、莫野），時稱「五鳳」，關雲自然是一鳳，且是「最重要的一隻」，因為她當主編是辛苦的要角。

關雲參加「三月詩會」也很早，在三月詩會歷代的出版品，從一九九六年「三月交響」、一九九八年「三月風華」、兩千年「千禧三月」、二〇〇三年「三月十年」，到二〇〇七年的「彩霞滿天」，都有關雲的作品。可見在三月詩會這個小團體裡，關雲已是居於「五大元老」之次的元老級詩人，而且她的出席率很高。（詳見我所著《三月詩會研究》，文史哲，二〇一〇年十二月）。

回顧關雲這一路走來的文學腳印，其顯著者尚有民國八十一年由心路文教基金會出版的《在智慧邊緣的孩子》，二〇〇一年王家出版社的口袋詩集《夢在星光下》，前者是短篇散文集，後者是數十短詩的小詩集。

論寫詩的總量（以出版的個人詩集或多人合集），並不算多，《愛在星光下》是她至今唯一的一本詩集，從各階段看她的詩，我較喜愛「谷風時代」的作品，寫得「最真、最美、詩質最富」，這個時期關雲的詩有很高的「理想性」，由此理想性漸漸升高。可惜「谷風時代」的詩寫的太少，讀幾首好詩：

看盡繁花

數著生命故事
總為多情風掠走
一朵潔白的雲飄過
襯著一彎新月
總任有情人吟哦
每個角落
來去之間
繁榮過也衰退過

關雲的畫藝

每朵花
芬芳過也飄零過
即使生活中許多瓶頸
仍希望
好山好水
鳥叫蟲鳴長相隨

《谷風》創刊號，一九九四年六月四日

好像一個老江湖在說過，這是許多人的人生，也是關雲的人生，但每個人的故事最後總被多情風掠走，這是一個現實，也是一種必然。但無論多少困頓，總盼望有好山好水，有許多夥伴，人生才不孤獨。詩題「看盡繁花」，表示人生的榮華富貴早已是過去式了，其實這年她才四十六歲，把人生看得如此通透，一定是悟了什麼！

旅人

望著天涯
望著一片遠去的浮雲
將一個一個的夢和希望
裝進行囊　整裝出發
追雲去

一路上看到
樹枝花舞
陽光在笑
翠鳥長鳴
就算沿途充滿荊棘
也感受到
生命中的燦爛與芬芳

《谷風》第二期，一九九四年八月廿五日

天生玉質趁風流

關雲的畫藝

追雲去，真是灑脫，行囊中裝著的是一個個夢和希望。在真實世界中，關雲的行囊中裝的其實是許多生活的試煉，是老天送她的磨難，都被她昇華成如詩的夢和希望，且一路上看到的盡是在笑的陽光、歌唱的鳥兒，感受到生命的燦爛和芬芳，這需要修行來轉化，沒有一些修行功夫怎能辦得到？豈不早已去跳海了！

關雲至今唯一正式出版的詩集是《夢在星空下》，雖僅僅一本六十九首小詩的口袋詩集，但這應是關雲這輩子（到二〇〇一年止），自己所寫最滿意好詩的歸宿，略加檢視，確是不可忽視，「走入山林」、「山之組曲」、「踏月」、「滄海」、「黑夜裡的旅人」……都深值一讀。幾首屬「谷風時代」的作品，如「迎風」、「舉杯邀明月」等，有詩人純真的心路歷程。

面對無垠的
星空
你品味到了什麼
所有的風塵逆旅

都是急如雨聲的無奈
如果沒有太陽的照耀
人間和歷史的容顏
只有加速循環著蒼老和沉淪

「夜觀星空」前半

觀察、沈思是詩人的特質，詩才經由這種「神秘」的流程被「生產」出來。關雲的詩有較多沉思的氣氛，這是一種無言的美感表達和自我對話。

一枚貝殼在沙灘裡
沉默　沉思
在睡與醒之間
欲言與無言之間

嗚——

的一聲，像天地之內擴散
有一雙耳
靜靜傾聽
有一張嘴　嫣然
一笑

「貝殼」

貝殼在沙灘上，無語也不欲言，是詩人化作一枚貝殼，走入貝殼的世界，才能「靜靜傾聽／有一張嘴　嫣然／一笑」。就境界看，是人和物的合一，人和宇宙萬物的交流；而「嫣然／一笑」讓這首詩從「哲學」變成「詩意」，很成功的語言運用。

《夢在星光下》絕大多數的詩，都屬個人輕輕的呢喃、沉思的小記，像一個小女人在閨中對自己述說心事；或與山水、星夜的對話，用來「謀殺」孤寂，真如她自己說過「詩是我唯一的出口」。這本詩集唯一和國家民族有連結的詩是「海的心事」：

你說：你暫時不想彼岸的家
——我驚愕了

一切滔滔的歌聲
在大海滾雷般的轟響中
渺小 緘默
啊！啊
太陽之嘯
自由之嘯
有千億種聲音在兩岸吶喊
升起帆來吧
讓中國所有的土地
全變成歌唱的岸
如今
用親情的鄉愁
就要航向 就要航向
母親的懷抱

「海的心事」

把許多「台灣人也是中國人」的心事，比喻成「海的心事」，確實很有震憾力，尤其「讓中國所有的土地／全變成歌唱的岸」，是整首詩的靈魂，也使這首詩偉大了起來。

關雲的詩都是自己的生活寫照，更把重點放在為生活和情緒找到一個「出口」，因為她需要出口（其實人人都需要、她更需要）。這和她在現實環境中面臨的困境有關，她要自己找樂子，她有一首「美媽」是這種情境。

自喻美媽
是
終日不施脂粉
便能　將瀟灑的落日
裝訂成一冊典雅的詩集
愛與被愛的她
頗知如何回報
用唇

把歡暢吹出來
用手
把柔情捧出來
用腳
把奔放的「心跳」舞出來

關雲對詩創作的理想性，到《夢在星光下》是一個高峰，以後就開始流失其理想性，尤其近幾年來大有開始「鬼混」之勢，三月詩會的「修理廠」廠長謝輝煌大哥總叮嚀她要用心，要把苦往肚裡吞，昇華成好的詩歌，這樣苦也有了代價。我為了解除這位大我三歲的小同鄉姊姊的苦，給她一種不算很好的藥方「玩」字哲學，但玩的心態一不小心用，也會變成更不用心，更無所謂，反而害她。

為從人生的本質面去除苦厄，顯然「玩」字不是真正的解藥，也不是根本有效的途徑。所以，我依自己的經驗，勸關老姊從佛教信仰（正信）入門開始，只有佛法能去除人生的苦，「般若波羅蜜多心經」（歷史上通稱「心經」）云：「……照見五蘊皆空，度一切苦厄……無等等咒，能除一切苦，真實不虛……」

雖說佛教信仰可以從根本上去除苦厄，但畢竟不是人人都有這種能耐。關雲是善於經營生活、豐富生命的人，她把握時間寫詩、學畫，都同樣可以去除人生部份苦厄，她的畫（如前面兩幅）有一定水平，再好好努力，女詩人兼女畫家。若能把女兒宗玉潤的詩作向詩壇引介，玉潤也能開出一片詩的藍天。那時，詩壇上有「母女檔」亦可傳為佳話。

下篇我談談關雲女兒宗玉潤的詩，她「宗家有女已長成，身為詩人人未知」，我看過她的兩本未出版未發表的詩集，發現她的詩藝（先天的特質），不在媽媽關雲之下，讀後文，吾所言真實不虛。

第十章 雪飛「老人」讀後

——一九五五年的那個老人

謝輝煌

〈老人〉，是詩人雪飛《滑鼠之歌》的中的一首早期作品，成於一九五五年十月，具有「那個時代」的意義，可供懷古。詩共三節十九行，行數採六、六、七分配，具有形式上的均衡之美。詩中沒有中式或西式的傳統刻板的腳韻，但讀起來很是順口。主要是語言的平實、自然、詩中的景物，共通性很強，永遠不會變成陌生的東西，其生命力是可以想見的。詩如下：

夜深了
天上的星已在雲中躲藏
小河上，躺著疲困的長橋

橋頭披著寂寞的燈光
橋下的流水，緩緩流過
帶走長橋的希望

一個老人，白髮蒼蒼
眼中透出沉默的光
在橋上徘徊，在燈光裡尋找
尋找童年的記憶
尋找少年的歡樂
尋找青年的戀情……

夜深了
天上的星已在雲中躲藏
小河上，躺著疲困的長橋
老人在橋上尋找

孤獨的影子披著寂寞的光
橋下的流水，緩緩流過
帶走老人的希望

一九五五年十月廿三日　斗六

讀完詩，就知道這是一首以「流光帶走了老人的希望」為旨意的小詩，沒有強烈的感歎，也沒有任何企盼，然一種淡淡的愁怨卻繫上了心頭。所以，在字面上不必做任何的解釋，便能一讀就懂，而且能「懂」進老人淒酸而茫茫的蒼老心境裡，令人味之再三。

以「老人」為主題的作品，不僅在詩歌中常見，而且還常見於繪畫、攝影和雕塑的精品中。然因作者心境及愛好的不同，作品中便常呈現百種千樣的老人神摯。而在眾多的神摯呈現中，有的只是老人身軀的局部或全部，有的則配上了風景，像這首〈老人〉。

此詩第一節，由「夜、星、雲、小河、長橋、橋頭、燈光、流水、希望」等虛實景象，加上「躲藏、躺著、披著、流過、帶走」等動作，以及「深了、疲困、寂寞」等情語（也是形容詞），組成了六個彼此關聯或不關聯的意象，並密聚在一起，形成一幅具有明暗色彩、冷熱溫度、動靜神態、高低姿勢、遠近距離、長短線條、及上下空間等對比藝術的冷清畫面，不須增添任何景物，也絕對是一幅色澤及層次豐富的藝術作品。

第二節詩，詩人採用相同的手法，雕出老人的外貌及內心世界，並使其與前節中的「疲困的長橋」，和「寂寞的燈光」相結點，且一連用四個「尋找」作頂真格的修辭，凸顯老人尋找的深度與廣度（詩中的「……」為其深廣度背了書）。這節詩，顏色、線條比較單純，但在精神層面的表現上，卻是深邃而深沉，複雜而緊張的。如果將這節單獨提領出來，也不失為一首「可愛的小詩」。

上面兩個局部場景，詩人因移情作用而賦予人格化，且主觀地注入「疲困、寂寞、沉默、希望」等情緒，而生成了兩個可以各自單獨存在的意義，或稱之為「局部意境」。這兩個「局部意境」，到了第三節詩中，便被詩人取精用宏地做了一次整合工作。詩人幾乎全用重複的句子，運用暗房放大、縮小及疊置等技巧，製作成一幅有人有物的新畫。只是，原來在第一節中的各自為獨立的主角景物，此時都成功地轉化為配角佈景了。而在這幅整合後的大意境中，「老人」成了統攝全局的靈魂。「深了」的夜，「困」的長橋，和「寂寞」的燈光，則成了「孤獨」氛圍的營造者。這些角色、關係的變化，增加了作品的起伏跌宕之美。而意象的重複與重疊，則不僅加深了橋和老人的「寂寞」和「疲困」的濃度，且拉大、加長了老人「徘徊」和「尋找」的時間與空間，使「流水帶走老人的希望」的陰影，延伸到無限遠和無窮大，具有使人印象深刻的功效。

所以，從詩的立意取向，意境營造及製作技巧來欣賞此詩，確實是一首小而美的作品。

若問詩人在年輕的時候（只二十八歲，請參看封面裡的「詩人小傳」），為何要寫一個被「流水帶走了希望」的老人？唯一的答案是，詩人內心一定有一個很大的「失望」乃至「絕望」的意識，逼得他一吐為快。而這種意識的醞釀與形成，關係到「小我」或「大我」理想的幻滅。李辰冬先生在《文學與生活‧意識與天才》一文中，給「意識」下的定義是：「理想透過實踐後所激出的情感（意識）。然究竟是小我的事業、愛情方面的挫敗？還是大我的「反攻」志業的挫敗？詩的文本部分「守口如瓶」。唯一能算算卦的，只有詩的寫作時間——一九五五年十月。

那時，詩人二十八歲，是官是兵，暫且不管，總還有個「打了勝仗回家鄉」的希望。

那時，他雖未滿二十八足歲，也快到了可以堂而皇之申請結婚，獲配眷糧眷補的資格了。所以，這個理想應該沒有幻滅才對。

但是，「大我」的問題卻很傷感了。因為，那時已距喊出「一年準備，兩年反攻，三年掃蕩，五年成功」口號的一九五〇年三、四月間（？）足足有五年半了，而反攻的號角猶未睡醒，而部隊久訓兵疲。兼以當年春天一江山失守，繼而棄守大陳、南麂，加深了台灣金馬孤懸海隅的劣勢。接著，聯合國討論「台灣海峽停火」及「兩個中國」的議題，雖無結論，但急得蔣公也出來公開反對了。而唯一有力的盟友不助我反攻大陸的態勢已明。似此，還有「反攻大陸回家鄉」的「希望」嗎？但這種主題，當時碰都不能碰。詩人唯一能突破的，只有「技術犯規」，利用象徵手法，以「流水」喻「流光」；「長橋」喻「反攻跳板」；「燈光」喻「希望」（？），卻是那麼「孤獨」；「老人」喻「軍隊」（或軍中的老幹部），卻是「白髮蒼蒼」了，使人想起辛棄疾的「將軍白髮征夫淚」。上面的猜想，也許是牽強附會吧？不過，當時這種意識卻是普遍存在軍中。如另一位資深詩人邱平，於一九五四年十月，寫過一首〈靜靜的十月〉中有「時間正在作冷冷的嘲笑／靜靜的十月／秋風總沒有消息」等句。「嘲笑」什麼？當然是嘲笑「五年成功」的誓言。而「十月」，在那個年代，是旗海的月，薄海歡騰的月，然在邱平筆下，卻是「靜靜的」，太「超以象外」了，可是一想到「反攻號角」，不就又「得其環中」了？又，「秋」是收穫的季節，而「秋風總沒有消息」，豈不時顛序倒，收成無望？所以，這類的意識，決非空穴來風。

時下，對於意識表達的方法，有的已「進步」到「玄之又玄」的地步，讀起來就像讀道士的符。有人說，新時代要用新的事物來加工成意象。這種觀念是進步的，只是新事物的生命週期太短，很多人還沒看清楚它們的面貌，它們便自地球上消失了，像磁石式的電話機，便是一例。不過，「搖個電話給他」是否要改成「按個電話給他」呢？而「哈日」、「哈貓」，後年還有嗎？「冷冷清清」，是否要改寫成「酷酷清清」？所以，取之為象的物，生命力越長的越好，如這首詩中的「夜、橋、燈、河……」等等。也可以說，三百年後的人讀了此詩，依然可感受到詩中那份愁情。

難得時來運轉，能讀到從「冷宮」裡走出來的雋永小品，對很多幾乎無詩可讀的讀者來說，應是個遲來的「喜訊」吧？

八十九年六月五日

本文發表於《秋水詩刊》，第一〇六期。

第二篇　別論：詩國閒話有春秋

第十一章　謎樣的寒山子

謝輝煌

著者按：二〇一二年元月廿三日（大年初一），打電話向謝輝煌大哥拜年，並徵得謝君同意，將本文列爲本書一章，特向謝大哥致謝。

世上之有「寒山子」這個人，是因為有一本數量和《詩經》差不多，也有三百零幾首詩，且全無詩題的《寒山子詩集》（以下稱《寒集》），和一篇〈寒山子詩集傳〉（以下稱〈寒傳〉）。〈寒傳〉的作者，也就是蒐攏和編輯《寒集》的「唐・朝議大夫使持節・台州諸軍事・守刺史・上柱國・賜緋魚袋・閭邱胤」（「・」號係筆者所加）。

這個閭邱刺史，允文允武，官拜五品，勳業彪炳，軍政通吃，有先斬後奏的大權。但是，「閭邱胤」這個名字，在《寒山寺志》（以下稱《寒志》）裡，「胤」字缺了末筆。據說，是避諱「趙匡胤」。又，〈四庫全書提要〉作「閭邱允」（不知避諱誰）。

而《台州府志・職官表》所載唐貞觀十六—二十年的刺史作「閭邱蔭」。究竟那一個是真的？有無僞託的可能？尤其那篇〈寒傳〉一開始就寫道：「詳夫，寒山子者，不知何許人也……。」按：這「詳夫」二字，劉勰在《文心雕龍・雜文裡用過。其次，是宋初「吳越王」錢俶於宋太祖建隆至開寶間（約九六二—九七〇年），替天台宗延壽禪師的《宗鏡錄》作〈序〉時也用過。同時，錢俶曾於後漢天福十二年（九四七年）任台州刺史，因天台宗的傳人德韶禪師的提醒而取得王位。故而不免懷疑，「閭邱胤」會不會是錢俶為報答國師德韶禪師，而僞託出一個替天台宗「造神」的替身？

首先，來看寒山子是什麼時候的人？

閭邱胤在〈寒傳〉裡未說隻字。後人便從他的「台州刺史」的經歷上，查得是唐貞觀十六年（六四二年）到任，因而認定寒山子是「隋唐間七世紀的人」。

《寒志》載五代杜光庭《仙傳拾遺》：「寒山子者，不知其名氏。大歷中，隱居天台翠屏山，其山深邃，當暑有雪，亦名寒巖，因自號寒山子。」以此推算，寒山子應是中唐時八世紀中期的人。

《寒志・自序》說：「明師道衍（姚廣孝）〈記〉（即明成祖永樂三年（一四〇五年）寫的〈寒山寺重興記〉）謂：唐元和中（八〇六—八二〇年），有寒山子掣風顛來此縛茆以居，尋游天台寒巖，與拾得豐干為友終隱而去。」又，清末布政使陸鍾琦在〈重修寒山寺記〉說：「明姚少師舊記（見前）謂：「額題「寒山」，始於唐元和中。」因此，寒山子又是中唐時九世紀初期的人。（另外，網路上還有位汪祖民先生引姚廣孝在〈寒山寺重興記〉裡的話說：「有寒山子者，來此縛茆以居，修持多行甚勤。希遷禪師（七〇〇—七九〇年）於此創建伽藍，遂額曰《寒山寺》。」）

再看寒山子在詩中的「密碼」：

第二四六首：「出生三十年，當遊千萬里……今日師寒山，枕流兼洗耳。」據此可知，寒山子是三十歲到天台寒巖。

第二九二首：「老病殘年百有餘」。又第二四一首：「昔日經行處，今復七十年」，「30+70=100」，前後可以吻合。由此可知，閭邱胤去台州當刺史的貞觀十六年（六四二年），寒山子至少有一百歲。那麼，從貞觀十六年倒推一百年，便是南朝梁武帝大同九年（五四二年），亦即寒山子出生的年代。現在，就以此來檢驗各家的說法和結果：

一、按五代杜光庭的說法：「寒山子，大歷中隱居天台……自號寒山子。」「大歷」是唐代宗的年號，時間由西元七六六年至七七九年。由梁武帝大同九年（五四二年）到唐代宗大歷元年（七六六年），寒山子已有兩百二十四歲了。這實在難以教人相信：以寒山子在貞觀十六年（六四二年）時，就「老病殘年百有餘」的健康狀況，還能再熬一百多年。又，就算「寒山子」這個「號」，是他在大歷元年「七六六年」隱居天台時自封的，則蘇州之有「寒山寺」也應在這年。然而，張繼的詩係作於唐肅宗至德元—二年（七五六—七五七年），已早「寒山子」那個封號十年了。換言之，張繼詩中的「寒山寺」，是泛指荒山寒林中的古寺，跟「寒山子」其人其事毫無一點關係可言。

二、按明朝姚廣孝等人的說法：寒山子於唐元和中（八〇六—八二〇年），到蘇州西門城外那個小廟縛茆以居，然後額題「寒山寺」。則當時的寒山子已兩百六、七十歲了。然後，再遊天台，與拾得、豐干為友，最後隱去。這就更是牛頭不對馬嘴了。因為，如果不是寒山子先已認識豐干，何以有廚下「豐干饒舌」的故事？至於年歲及額題「寒山寺」等情節，前文已有分析，可以推知，這裡就不再多說了。

三、南宋淳熙十六年（一一八九年）僧志南將寒山、拾得、豐干三人的詩合刻作《三隱集》，並在〈記〉中提到趙州從諗（七七八—八九七年）和溈山靈佑（七七一—八五三年）曾見過寒山子，並有過對話。故事雖見禪宗公案，但可信度很低，除非寒山子活了兩百五十歲，才有那個可能。同理，前文中所引網路資訊：姚廣孝提到石頭希遷到蘇州創建伽藍，並額題「寒山寺」一事，更是難以置信。因為「希遷只在湖南、江西弘化。

恐怕是錯把希遷（廣東高要人，七〇〇—七九〇年）當希運（福州人，？—八五〇年）吧？希運確曾去參過天台，有可能去過蘇州，惟時間更應在張繼之後。再者，不管是石頭希遷，還是「不是一番寒徹骨，那得梅花撲鼻香」的黃檗希運，他們的〈傳〉中都沒有去蘇州創建伽藍，額題「寒山寺」的記錄。

所以，寒山子是什麼時候的人？也只有他自己清楚了。

其次，再來看寒山子的詩：

寒山子的詩，既然是唐貞觀時候的閭邱刺史蒐整成集，而且親自寫了〈寒傳〉，何以竟沒有付梓，以廣流傳？《寒志》又引明瞿汝稷《指月錄》，說是曹山本寂禪師（八四〇—九〇一年）曾替《寒集》作注釋行於世，但看不到任何證據。真正「證據確鑿」的，是王安石於宋神宗元豐五／六年（一〇八二／三年）間，息影金陵蔣山林下時，做過二十首〈擬寒山拾得〉的詩。另外，歐陽修在《後唐書．藝文志》裡，也替《寒集》著錄了一下，只是影響都不大。另據《寒志》所載朱熹給在天台掛錫的僧志南的信裡說：「寒山子詩，彼中有好本否？如未有，能為讎校刊刻，令字畫稍大，便於觀覽，亦佳也。」又，另一信中說：「寒山詩刻成。」惟不知朱子原先見到的，是否即曹山本寂所刻？但也由此確知，真正替寒山子的詩做過推廣工作的是僧志南（即名句「沾衣欲濕杏花雨，吹面不寒楊柳風」的作者）。而朱子所說的「寒山詩刻成」，應即是僧志南所刻的大字本《三隱集》，該書似已傳入日本，但我國佛教的南北釋藏卻未收。所以，清末日人島田翰在〈刻宋本寒山詩集序〉裡，將原因歸之於「（寒山子詩）清淡沖朕（衿或漠？），唐人所不好，而宋元兩代又視之蔑如」。我看恐也未必。王維的詩，不就一直有很多人喜歡嗎？不過，平心而論，任何人的詩也無法全部獲得認同與喜愛，況是教訓味、宗教味太濃的作品？例如《寒集》第一首的「凡讀我詩者，心中須護淨」，已樹藩籬。而第二一六首說「雄雄鎮世界，天臺名獨超」，則是王婆賣瓜的廣告詞。這且不管「閭邱刺史」是不是一個幫天台宗「造神」的「幽靈人口」，但聞這種獨門推銷的味道，「非天台人」又作何感想呢？

提到寒山子的詩，就不免要對寒山子在詩歌創作數量上的控管、書寫工具與書寫過程、以及道翹等人奉閭邱刺史之命去蒐集「寒詩」時的辛苦等感到好奇。

一、《寒集》第二二一首說：「五言五百篇，七字七十九。三字二十一，都來六百首。一例書巖石……。」因此，不免要問：寒山子早已計畫好，只寫「六百首」詩嗎？又，他在創作的同時，是不是每寫好一首詩，就立即按「三言、五言、七言」的分類予以登錄記載？待各類詩次第寫滿了上述數目就封「筆」了？這種嚴謹、精算的創作數量控管，古今中外恐怕找不到第二個。所以，這應是一種有計畫的精心設計。

二、寒山子說他的詩「一例書巖石」，而閭邱胤在〈寒傳〉裡轉述道翹和尚所見寒山子的行狀，卻是：「唯於竹木石壁（所）書詩，並村墅人家廳壁上所書文句」，豈非前言不對後語？而書寫的工具是毛筆？鑿鏨？石塊？炭條？未見任何交代。這不也可看成是故意打馬虎眼嗎？因為，書寫工具關係到那些「書巖石」的詩的保存時間和數量，打個馬虎眼，就可少些問題。但是，妙就妙在那個去附近山巖、村墅中抄詩的道翹和尚，他在每天必須帶著紙筆墨硯和傘具，邊走邊尋，邊認邊抄的工作了一段時間後，竟剛好抄到了差不多跟《詩經》等量的詩篇，而且，所抄回來的詩，一字不缺，一字不錯，這不又是一個令人很難以想像的「奇蹟」嗎？

三、寒山子寫在石壁、乃至竹木、廳壁上的詩，是否每詩都有署名？而不會有別的人也在裡面「酬唱」一番？又，寒山子的詩既已發表在山中和村墅，何以只有閭邱刺史所指派的道翹和尚等一、二人抄到？難道幾十年間，就沒有一人見過寒山子在山中和村墅佳發表的詩歌？也沒有一個好事者去抄錄或通報官府？

有了上述種種啟人疑竇的跡象，站在學術研究的立場，教人不懷疑「閭邱胤」是一個譌託出來替天台宗「造神」的化身，也難啊。但如果那個有意「借花獻佛」（按：據學者孝證，在閭邱胤的〈寒傳〉之前，還有唐武宗時代道家徐靈府的〈府〉，惜已不存），要替天台宗「造神」的人真是錢俶，那就要怪那替他執行「造神」案的幕僚「密中有疏」了。

後記：本文殺青後，心中仍有「不落實」的感覺。及至在網路上看到《歷代台州府官員大全》有：「閭邱胤，《府志》列貞觀十六年（六四二年）任台州刺史，疑不確。按：《府志》係據〈寒山子詩集序（傳）〉著錄。該〈序〉已證明為偽作，則此人亦似屬誤列。」另外又看到崔小敬先生在〈寒山與寒山詩研究述評與反思〉一文中，得知學述界有「寒山否定說」，及《寒集》非「閭邱胤輯錄說」，這才定稿。

一〇〇年十一月十三日

因為「反共抗俄」未成，所以三月詩會詩人才寫了一輩子詩。若兩蔣如孔明，吾等恐數十年前早埋骨沙場，那有今天的詩歌「錦秀江山」？

（圖片提供：謝輝煌）

第十二章 米斗在天津舉辦首屆「三月詩會」

米斗是台灣台北「三月詩會」的榮譽會員，這個「榮譽會員」是如何形成或規定的，因為本會向來適用「不成文法」，也就是沒有任何文字性的成文組織。所以，米斗如何成為會員？並無所謂的「證據」存在？

但我對米斗有興趣的是這個人，從未到台灣參加三月詩會，我從未見過其人。自古以來人對「聽過、存在」的人事而從未見過，都有一種好奇心，如火星有無生物、外星人是否存在？「鬼」又在那裡？

雖未見其人，但米斗的詩文常出現在葡萄園詩刊，可見他和台灣詩壇還是有某種連接關係。例舉「葡」刊幾期米斗作品之篇名：

「霧的哈達：獻給金筑詩兄」（第一七七期），這首詩的末四行是「你踏著詩歌的節奏／從寶島三月雨中走來／我手捧哈達迎向你／披一身北方十月的霧紗……」全詩寫的是金筑先生到天津參加詩歌評獎活動，受到的歡迎和感動，寶島三月即指三月詩會。

「古偃師與橋：文曉村詩兄千古」（第一七九期）。

「祭海：天津漢沽親海節開海儀式記實」（第一八六期）。

「晨霧中的塔影」（第一八七期）。

「海鷗魂：敬悼台灣詩人秦嶽仙逝」（第一八九期）。

「調寄小重山」（第一九〇期），賀老詩友聚會，這次的聚會是米斗等詩人討論在天津也成立個「三月詩會」，參加的都是老詩人，讀米斗的詩：

髮落齒搖暮氣生，昏花扶欄行，步龍鍾。
往昔怎堪抒詩情，望窗外，秋葉盡凋零。
閒時數星空，身隨雲水去，筆沒停。
老友相聚賀命硬，滿斟酒，詩在哭笑中。

看來天津三月詩會詩人的平均年齡，高於台灣三月詩人，但詩筆沒停，也是可敬。

米斗在詩後有小註，二〇一〇年十二月九日，與老詩友劉樂群、胡書千、楊樹楷、孫茂森等聚會，即興賦詩，大家商議於二〇一一年亦效台灣三月詩會的自由形式，籌辦類似老詩人詩會。

終於，天津的三月詩會正式起步，不是台灣三月詩會的分會，而是受到啟示而成立。米斗在葡萄園詩刊第一九二期有一短文，述其成立經過，全錄如下：

天津舉辦首屆「三月詩會」

米斗

誰也沒想到，第二天會發生震驚世界東日本大地震和特大海嘯！

就在這東北亞板塊行將發生災變的三月十日，在板塊裂隙西側，正在舉行天津第一屆「三月詩會」。

為了聊天方便，詩會採取家庭聚餐形式。我們選定的中心，是老詩人胡書千的住宅。胡書千在我們中間，年歲最長，德高望重，在詩友中頗具吸引力。聚會前電話邀約，然後詩友由四面八方前往赴會。

我們以胡書千為中心，是有道理的。

胡書千（原為「謙」，後省作「千」）年近九旬，高齡八十七。過去，在市級工人文學社任職，詩友暱稱其為「老胡」。以寫通俗詩著稱，有《新繭集》，魯藜為之序。

後在報紙副刊發表大量市井歌謠，筆觸老道，意象高遠，生活氣息濃郁，膾炙人口。亦有專集問世，獲廣泛好評。

其實，去年十二月九日我寫《小重山》詞「賀老詩友聚會」那次，就是在胡宅舉行的。不過那次人少，參會者五、六人，實際是今年天津「三月詩會」的預備會。

玄妙之處在於：詩會舉辦日期與參會人數都是「十」，日期為三月十日，人數為十人，與十一日地震日期僅一數之隔。這十人是：胡書千、劉樂群（評論家，有評論集《十里洋場九河下梢》出版）、米斗、孫茂森（原《南開文藝》編輯），宋乃謙、游鐵民、王音宣（作曲家）、楊樹楷（「世博會會歌」詞作者，獲金獎）、王兆南、楊金錫（攝影者）共十人。

關於聚餐的費用，是由收入最高者自願承擔。這是大陸特殊情況所決定的。收入高低是人為劃定的：分為「離休」與普通退休兩類，「離休」指一九四九年前參加工作者，享受全工資待遇，而且看取藥全報銷。普通退休者又分「事業單位」、「企業單位」兩種，前者較後者收入高。部隊系統者收入更高。通過這種人為的劃分，形成「讓一部份人先富起來」的政策，從而造成大陸上貧富懸殊的現實。對此，我從不過問。由誰出錢，花費多少，所以也不清楚。

十人入座，我先舉杯，祝大家鶴髮童顏，青春永駐。然後大家開始談論文學詩歌，交流各種信息，席間談笑風生，毫無事業企業之隔閡。談及北京工人詩人王學忠所寫揭露社會黑暗面的詩歌，大家議論如果在過去早打為右派或反革命了，正由於現在的「與時俱進」，才容許批判現實主義作品存在，不正是「中國特色」的「優越性」嗎？多人對王學忠詩作表示贊賞。

次日，驚悉東日本大地震及海嘯發生。我與老胡通電話，老胡說他只擔心日本的核洩露會不會危及我們，別的什麼也管不了。的確，我們這批老頭能管得什麼？不過，我倒有一絲愧疚感：我們這十個老頭在十號這天，是不是不慎踩翻了東北亞西側的踏板，以致於東側傾覆斷裂的呢？朋友說不會，也許恰恰由於我們十人相聚在一起，才保持了西側板塊的平衡無虞呢！

總之，我們的第一屆天津「三月詩會」是伴隨著日本的大災難進行的。不知道，明年的第二屆天津「三月詩會」，將會伴隨著什麼意想不到的事件進行，且讓我們拭目以待，迎接二〇一二年的「三月」。

壯哉！妙也！以本書出版的機會，祝福天津「三月詩會」眾位詩家，「波瀾獨老成」

（引杜甫詩）、「老馬智可用」（韓非子說難引管仲語），老當亦壯、老驥伏櫪；有了詩會就得交出作業，未來可共出詩文合集（台灣三月詩會每隔幾年出版一本合集），做為兩岸三月詩會詩歌交流的好禮。

二〇一二年二月十一日，三月詩會詩人照例在羅斯福路旁的真北平餐廳雅聚，兩位「新生」台客和狼跋也到了，我問多位「米斗如　何成為榮譽會員？」皆不知緣由，只有麥穗知道，我便請麥穗寫下簡單說明（附影印）。他也許永遠不會來參加我們的三月詩會，作品也不再寄過來了，偶爾在葡萄園詩刊讀些他的小品如此而已。

米斗雖沒有參加我們的三月詩會，但大家心靈上似乎仍有某種連接關係，相互受到感動，否則怎有「天津三月詩會」的成立？

米斗這篇天津三月詩會提到王學忠這位詩人，王學忠的人品、詩品及其出身背

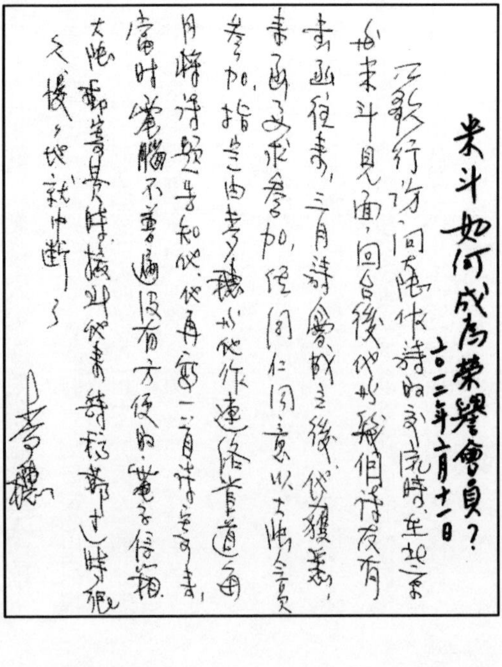
米斗如何成為榮譽會員？
二〇一二年二月十一日
一次歌行訪問大陸作詩的文字時，在北京
與米斗見面，回台後他和我們詩友有
書函往來，三月詩會成立後，他獲悉，
來函多次求參加，經同仁同意以大陸會員
參加，指定由麥穗和他作連絡者，通每
月將詩題寄知他，他再寄一二首詩寄來，
當時電腦不普遍沒有方便的電子信箱，
大陸郵寄費時，故此他來詩稿常寄時就
久，後來他就中斷了。
麥穗

景，有「仙、聖、佛、鬼」的一些特質。（註：唐代四大家詩人，李白「詩仙」、杜甫「詩聖」、王維「詩佛」、李賀「詩鬼」。）是故，當代許多評論家認為王學忠的出現，是中國現代詩壇的盛事，我對王學忠老早有些興趣，近期由台灣台北的文史哲出版社出版《王學忠詩歌研究：一個台灣人的異議觀點》，主要想把王學忠作品人品引介給台灣地區的讀者。

下個月（二〇一二年三月），就是「第二屆天津三月詩會」的歡聚。以本書出版機會，祝福「天津詩壇十老」（胡書千、劉樂群、米斗、孫茂森、宋乃謙、游鐵民、王音宣、楊樹楷、王兆南、楊金錫），身體健康、作品泉湧、詩思如海。

本文寫於二〇一二年二月中

第十三章　懷念將軍詩人許運超

將軍詩人許運超大學長走了，認識許將軍才不過這幾年的事，我當過一輩子兵，野戰部隊就蹲了十九年，近半在金馬。碰到過無數的將軍，全是看了叫人頭皮發麻的「魔鬼將軍」，人見人怕，也人人想要（因為升將軍是所有職業軍人的終極目標，我有同學說他就是不想升，那是因為他沒機會。）

許運超將軍，是我碰到的將軍中唯一有「詩人」身份，寫過很多詩，從年少就寫，且有幾年交情的「將軍詩人」。這樣的人應該多留在人間久些，為塵世多散播一些豐富的詩歌，七十初幾就回老家，只能說老天爺也愛才（唐代大詩人李賀早逝，據說是玉皇大帝很喜歡他的詩，就早些請他上天堂，經常陪玉皇大帝吟詩誦詞。），愛將軍的詩吧！

詩人許運超，一九三七年生，廣東合浦縣人，早年從軍，出身情報單位（他畢業於情報學校），二〇一一年七月仙去，享年七十三歲。三月詩會詩人認識這位將軍詩人的應屬晶晶大姊最早，晶姊在「往事憶瑣」這篇文章中說，「X年X月的X一天，我值早班，看見操場上有一群十七、八歲的大孩子，個個光頭……我看見他的名牌上繡著『許運超』三個字……」

晶姊等於是看著許將軍長大的，退休後大家又在這小小小的詩園相聚，這就是人生的情緣。學長走的時候，「揮一揮衣袖／不帶一片雲」，沒有驚動三月詩會諸詩友，很灑脫。但三月詩會詩人在葡萄園詩刊，為這位詩友表達了懷念之情。（見第一九二期「懷念超哥」專輯）

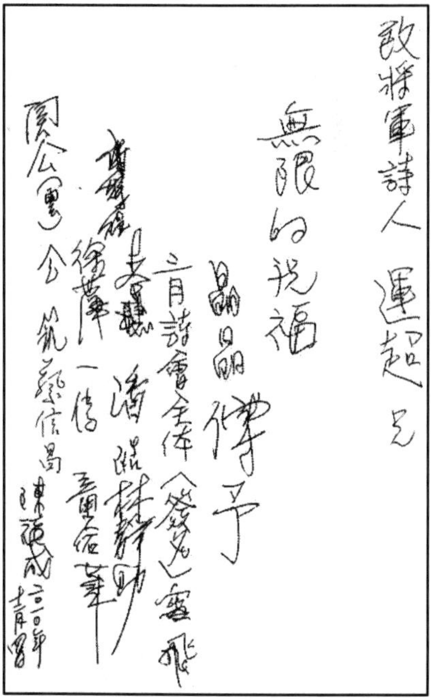

△謝輝煌，「摘星攀桂塵緣滿：懷念並遙寄超哥一些」。

△麥穗，「將軍好走：悼念詩友許運超同仁」。

△晶晶，「往事憶瑣：追思將軍詩友許運超」。

△台客，「懷念運超兄」。

△童佑華，「人生猶如幻中幻」。

老大哥是在二〇一〇年間在大陸中風，專機返台後又在榮總臥病十多個月。《三月詩會研究》一書出版時，眾位詩友簽名祝福，由我代表把書打算送到他床頭，惟因諸種原因，這本書始終送不出去，如今把簽名附印（如前），也只能遙寄給老大哥了。

我對老大哥的來歷背景所知不多，葡萄園詩刊一八六期有多篇對他的詩集《心靈詩語》評文，也都對詩少對他的經歷背景。按童佑華先生「人生猶如幻中幻」一文（葡刊一九二期），許將軍來台之初，原在「入伍生總隊」的一團X連，旋因部份同學年紀太小等因素，不到兩個月就被改編，年幼的許運超編入了「幼年兵總隊」，解散前夕不少同學哭的死去活來。本來嘛！不久才丟了父母家園，現在又要離散，任誰也是一把鼻涕一把眼淚。

童哥和許哥在相互「核對」了自己的身世背景後，竟發現彼此原先是同一個營隊。時光機瞬間走過半個多世紀，民國一百周歲時，這些當年的幼年兵相約再度重聚，個個已是白髮長者，都是阿公阿媽級了，聚會消息經聯合報報導，且有一幅對聯（均引自童佑華先生文章）：

想當年國共內戰亂世孤雛渡海來台稚齡難童入軍伍
到如今兩岸和平白髮老翁重聚一堂耄耋同窗話從前

一幅對聯隱涵國共九十年鬥爭史，不光是這些幼年兵們，一九四九年前後來台的都能感同身受。以老大哥的人生際遇，按童佑華先生的結論「得天獨厚夠豐美的了」。確實，我早年曾在大小金門駐守五年，在馬祖各小島本島駐守四年，見過不少無名塚，有的只是一個土堆立一個碑，寫上姓名，生於那年亡於那年，很多只是十多歲或二十的大孩子，他們未及建功立業就躺下了。啊！祖國，對不起這些人啊！若廿一世紀的兩岸，還不能完成和平統一，更是對不起列祖列宗。

許將軍完成了他的人生使命，美好的仗他打過。在他的專業領域外，他又開發了「第二春」，成為一個詩人，把人生提昇到另一個不一樣的境界。以本書出版的機會，將老大哥最後參加三月詩會所提出的作品，分別是二〇一〇年的三月和四月四首詩，再陳展詩壇，用示永久的懷念。

許將軍退伍後，參與的文學團體，正式的應只有葡萄園詩社（依現在資料看），三月詩會只是一種「非組織的組織」。將軍出版的詩集也只有《心靈詩語》（台北，文史哲出版社，二〇一〇年二月），該書出版時在葡萄園詩刊一八六期（二〇一〇年夏季號），有三月詩會及兩岸詩壇各家評文：

△麥穗，「摘星的故事」。

△陳福成，「從將軍詩人到詩人將軍」。

△晶晶，「詩如其人」。

△熊輝，「詩歌創作源於真摯的情感體悟」。

△蘇金鴻，「心靈與詩歌的對話」。

△益人，「剛柔相濟有詩語」。

△馬忠，「將軍本色的詩人」。

△田惠剛，「軍魂詩心」。

△台客，「一本值得品味的好書」。

另葡刊一八七期還有一篇馬立鞭的論文，「再談詩歌語言的『詩化』問題：兼評將軍詩人許運超的《心靈詩語》」。這些都是文字緣，古人言「文章千古事」，就是說文章會突破前世今生，成為生生世世的輪迴，今日吾等用文字與將軍結下好緣，來世必將又碰面，再結成「三月詩會」吧！

春　眠

許運超

裸睡　太驚豔了
睡下去　舒暢
管他天曉不曉

晚睡　太疲累了
睡下去　呼呼
怎麼聽得到鳥叫

現在　年青人說
睡不睡　醒不醒
關春天什麼鳥事

春到人間

一聲春雷
轟走了北風的身影
枝頭即邁出春的腳步
走綠了千枝萬樹

一陣春風吹開了百花的笑臉
處處展現了
萬紫千紅的容顏

錦簇繁華調製春的美味
蜂蝶之外
遊人也被逗引著邊賞邊喊
春到人間

二〇一〇年三月三十日

初夏

陽光 綠樹
海灘 比基尼
詩人揮霍百年的詩意
且不說有多狂野多浪漫
許是冬冷春寒
束縛太久的一次
解放

爛腳之歌

爛尾樓 腳尾飯
看似孿生兄弟
其實各有爹娘
爛爹吃人夠夠 偷偷的溜了

留下他任由風雨太陽摧殘
何日重生　前途暗淡

腳娘沒吃想吃　假借死人供飯
在暗處搜尋對象
能騙幾文就騙幾文

註：二〇一〇年元月讀謝輝煌兄「花虎頌」後作。

二〇一〇年四月十八日

第十四章 「狼來了」！歡迎女詩人狼跋——游秀治

狼跋要加入三月詩會，消息傳開，大家都很興奮、歡迎，這應是三月詩會成立快二十年了，首次有年青女詩人加入。無異是在古大陸出現新的造山運動，從地球內部的岩漿噴發，來了一座年青的山脈，千載難逢的良緣，又此刻馬英九大選取勝，三月詩會與國運都大吉大利，前途充滿光明。

興奮之餘，大家笑話「狼來了」，也難免疑惑「狼跋」這筆名，好好一個年青女詩人，幹啥取個與狼相關的名字。中國字凡「犬」字旁都沒有善意，狼貪、狼顧、狼狽為奸……真是舉之不盡；何不取個「怡、淑、香」等文雅些？

為研究本會這位新人取狼跋的動機，有必要回到原點，了解「狼跋」二字的出處及其相關行文，略窺其使用的來歷背景。

詩經．豳風——《狼跋》

狼跋其胡，載疐其尾。
公孫碩膚，赤舄几几。
狼疐其尾，載跋其胡。
公孫碩膚，德音不瑕！

注釋：

跋：踐踏。
胡：頷下懸肉。
載：又。
疐：踉蹌前行之狀。
公孫：諸侯國君的子孫，此泛指貴族。
碩膚：肥大的樣子。即大腹便便的形態。
赤舄：紅鞋。
舄：音細，複底鞋。

德音：美好的聲譽。

賞析：

《狼跋》諷刺貴族王公衣飾華麗，大腹便便，而行為舉止進退狼狽的處境，詩以老狼「進則躐其胡，退則踖其尾，進退有難」，與公孫的進退狼狽，末尾用一反語「德間不瑕」，諷刺更為尖刻，表達了詩人無情的嘲弄。

中國古文似乎因流傳久遠，歷代版本用字小有不同。例如「載躓其尾中「躓」字，有的書上用「疐」（ㄓˋ）。何者正確？恐須考證學家去研究了，但語意上無差才對，因為我們要探解的是願意。

按「狼跋」文意，推論詩人狼跋的動機，她應該是諷刺那些吃得大腹便便的官場中人，再者可能也是警惕自己，萬一有一天官當大了，不要成為大腹便便的形象，或有更高的人生惕勵，希望自己的人生旅途乃至人際關係，工作事業等，都不要出現進退狼狽的處境。為避免出現那樣的困境，平時就要好好經營。

總的來說，以「狼跋」為筆名，極富深意、獨特、顯著而又層次很高。能用此二字之人，應對《詩經》有一份深刻的理解和喜愛；而用此二字者，又是像狼跋——游秀治這樣外表看起來的弱女子，因而也形成弱強反差之形象，使人一見便永難忘記。

狼跋於二〇一一年十一月正式加入三月詩會，兩個月來的詩會雅聚，她共提出三首詩：「夢中想你也會笑」、「統一發票的怪現象」和「木之語」。今以第三首為例，引介雅賞。

木之語

一片燦爛的陽光
　　　　灑在我身上
發芽　成長　茁壯
枝幹橫生　樹葉茂密
過了數十年
　　　　終成一棵雄壯之樹

無情的鋸子

在週遭的親朋好友間
　　　　　　　　　流動
一棵一棵的倒下
恐懼湧上心頭
　　　　　　上天冷漠
促使我也躺在冰冷無生氣的土地上
鋸木人當場被警察帶走
每日仰望雲聚雲散　日月輪替
直至
　　在狂風驟雨的夜裏
　　浮浮沈沈
　　　　　　隨著雨水四處漂流
　　卓子椅子木櫃門窗甚至房屋
　　身體被切割成大塊小塊

加以利用　製作成各種
生活用品
　　筷子湯匙雕塑品
延續了生命

這是一首「樹木的自傳」，以擬人化手法描寫樹木的生平，從出生、成長，壯大到一棵雄偉的樹，接著被鋸倒，到此通常象徵生命的結束——死亡。但狼跋提昇了它的境界，並將死亡加以轉換，把製成各種木製品當成生命的延續。如此，化結束為開始，以死為生，轉悲觀為樂觀，「木之語」也就是詩人的人生觀。

詩的弦外之音，是講人的生命過程，從小到大到老死，但死並非生命的結束，而是另一種生命形式的開始，故說「死亡」實即「往生」，前往另一段生命旅程。這樣說來，含有佛教「前世、今生、來世」的世世因果論述，「木之語」乃成了詩人的宗教觀。

第十五章 三月詩會寶刀未老

麥穗

民國八十二年三月，一群在現代詩壇浮沉了三、四十年的「老」友在中央圖書館餐廳相聚。雖然不敢自詡詩壇老將，但其中卻的確有幾位曾經是臺灣新詩界獨當一面的人物。如編過早年臺灣最受歡迎的文藝刊物「野風」的田湜，創辦過名噪一時的「桂冠」詩刊的王幻。主編過已有三十　年刊齡「葡萄園」詩刊，現任該社社長的文曉村，現任世界論壇報副刊「世界詩頁」的主編劉菲，以及曾加盟過紀弦創辦的「現代派」詩人謝炯（金筑）、邱平及筆者。曾為「葡萄園」詩社創社人之一，並為該社命名的藍雲等等。大家都有一致的認同，就是因年齡漸長，詩筆難免疏懶，如果能相互策勵，一定能再創一個春天。於是眾議成案，決定成立一個詩會，定期聚會，並每一聚會必出一題在下次聚會時交卷。因為首次雅聚是在三月份，就稱之為「三月詩會」。

三月詩會成立之後，決定不設會長，由同仁輪流召集，每個月的第一個星期六雅聚，地點由召集人選定。一年多來曾在書香盈室的中央圖書館餐廳，風景美麗的碧潭茶亭，氣勢雄偉的國家劇院餐廳，書畫滿室的衡陽路秀宛，茶香撲鼻的陸羽茶館及價廉物美的國軍英雄館等地聚會。自去年三月至今，除「葡萄園」詩刊組團的訪問大陸時，停辦一次以外，已共雅聚了十四次，雖然我們採用非常自由的集會方式，毫無約束和限制。一年多來除了確實因故，如出國、身體不適等關係，不能出席外，幾乎還沒有過無故不出席的紀錄。所謂中國人的三分鐘熱度、虎頭蛇尾等等老毛病，都不曾發生在這個小團體中。

三月詩會的成員雖沒有嚴格的資格限制，卻也有一個不成文的共識，同仁年齡都在花甲以上，最大的二位已超過七十。大部分都已退休，只有二、三位也已接近退休之際。可惜女同仁太少，至今只有「葡萄園」詩刊主編，女詩人晶晶，扮演著萬綠叢中一點紅的角色。在寫詩的女詩人中，大都到了退休的年齡，不是停筆就是回到家庭享受含飴弄孫的家庭樂趣，鮮有在詩友間活動的，這是詩會最大的缺憾，也是待努力的地方。在男同仁方面除了田湜因為生活習慣不能配合而退出外，至今已有三位詩友陸續加入這個小團體，整個成員已有十四人之多。他們是王幻、林紹梅、文曉村、金筑、藍雲、一信、劉菲、晶晶、謝輝煌、邱平、張朗、劉建化、汪洋萍及筆者。

詩會每月一詩的主題至今已寫過：三月、茶、端午節、蟬、千年之後、七夕、船、歲末、結、魚、飛、酒、鐘錶及夏夜。這些命題除了「千年之後」外，其餘的都是生活上的身邊瑣事，然而在這批都具有三、四十年創作現代詩功力的朋友手下，雖不然說是篇篇傑作，也都是擲地有聲的好詩。而且百分之百的都在報刊雜誌上刊登發表。成績極為可觀。又因為同仁們的手中有幾種大大小小的刊物，經常將詩會的作品作成專輯發表，如早期的「世界論壇報」副刊並配上短評全版處理，「葡萄園」詩刊亦時而開「三月詩會專輯」，其他如「宇宙」雜誌、「林友」月刊都曾不定期以專題方式發表同仁作品，最新創刊的由女詩人們集資創辦的「谷風」詩雙月刊，第一期即為「三月詩會」做了一個專輯，這也是維繫詩會同仁創作不輟的主因之一。

這一年多來，「三月詩會」同仁的作品不但豐碩而且交出了一張令人興奮的成績單。有詩結集出版者，如張朗的《漂水花》，林紹梅的《朦朧的繁華》，王幻的《秋風吟》，金筑的《金筑詩抄》以及即將出版的邱平著《密碼燈語》（暫定）。加上筆者於去歲七月出版的《荷池向晚》，幾乎有一半同仁在這短短一年多時間裡出書。其中尤其是金筑與邱平都有累積近四十年的寫詩經歷，在同仁的鼓勵下出版生平第一本詩集，值得鼓掌。

除了同仁紛紛將作品結集出版外，更值得一提的是去年臺灣詩壇有二次大規模的兩岸詩人交流活動，首先由同仁文曉村率領的十二人大陸詩歌之旅。他們訪問了北京、西安、洛陽、開封、鄭州、武漢、重慶、貴陽等處，與當地詩社、詩友進行交流，並在重慶出席了西南師範大學中國新詩研究所主辦的「國際詩學研討會」，這個訪問團中，三月詩會同仁除文曉村外，並有晶晶、劉菲、張朗、金筑同仁參加。接著《秋水詩刊》慶祝創刊二十周年的大陸訪問，足跡遍及哈爾濱、蒙古草原、北京、西安等地。與詩友們作了七、八場的交流座談。七人訪問團中就有本會同仁汪洋萍及筆者參加。而年逾七十的同仁林紹梅更風塵僕僕代表中華民國，遠赴墨西哥參加第十四屆世界詩人大會。雖然這些人都已被歸屬於銀髮一族，但其活動力和朝氣並不遜於一般年輕人，這可能是詩人心胸開朗，生活在靈性生活中的關係吧！

今年文藝節筆者僥倖榮獲中國文藝協會頒贈第三十五屆文藝獎章（新詩創作獎），同仁林紹梅、金筑亦將在詩人節接受八十三年「詩運獎」。詩會雖小，人也不多，卻喜事連連。

「三月詩會」嚴格地說並不是一個社團，只是一群有共同愛好的詩友們一個定期的聚會。不設會長當然也沒有固定的會址，每月聚會的餐費茶資，由參加同仁三一三十一分攤，但每月必需提出作品給大家品評。因為都是老友，也就都沒有虛偽的讚美，也沒有惡意的伐撻。好的接受大家讚賞，有缺點的也免不了遭到嚴厲的「修理」，評者毫不保留大刀闊斧地發表己見，被評者都極有風度地接受批判、誠如一信兄說「人人批評人，人人受批評」之下，最後是一笑道謝收場，始終未發生爭執和面紅耳赤的場面。對於六、七十歲的人來說，真是難能可貴的一夥。

在「三月詩會」創會一周年時，大家一致有出一本同仁詩選留作紀念的意願，於是集稿編輯開始忙了一陣子，好在大家都是箇中老手。尤其主其事的劉菲兄仍在報社編副刊詩葉，駕輕就熟。預期中應該是極有「看頭」的。因為這是一本銀髮族的詩選，希望我們的努力，在現今充滿功利的社會中，發生一點導正作用，當然也是我們預期的。

八十三年六月五日　台灣時報副刊

第十六章　台客把他的「第一」獻給三月詩會

——歡迎「那頭老牛」

幹了一輩子公務員，吃了一輩子的公家飯，享譽兩岸詩壇的詩人台客（本名廖振卿），終於退休了，回家吃「老米飯」，過過清閒的日子。

但清閒的日子也不能每天坐在沙發上，讓電視機看！台客有更多文壇上的大事業要幹。首先，他把退休後第一個要報到的「單位」，獻給三月詩會，無異為本會增加生力新血。以台客的年紀，在本會應還算「青壯派」，未來有很多機會大展長才，我們經常聽到「人生退休才開始」，這種話非要退休才會懂，沒退休永遠不會懂。

二〇一一年十一月吉日，三月詩會例行雅聚，台客第一次參加並提出他在三月詩會的第一首詩，「輒，終於放下：退休感言」（如下）這首詩寫的真好，健康明朗，在多如牛毛的現代詩市場上，真的是少見的好詩，能否流傳後世尚待「時間大人」的過濾判決！尚未可知，至少可以流行於現代。但現代社會的傳播方式是「小眾切割」，各個「小世界」沒有交流溝通，有如老子思想中的理想國「雞犬相聞而老死不相往來」。舉一實例，玩新詩的組成一個團體（設A），喜歡賞鳥的人也組一團體（設B），熱愛飛行傘的人也組一團體（設C）……如此這般，現代社會有無數個「小眾團體」，ABC各組人馬通常「老死不相往來，更談不上資訊傳播交流，A組人不會去玩飛行傘，BC人也不可能賞讀新詩。所以，台客這首好詩也只能在這詩壇的小圈內傳播，已是難能可貴。

軛，終於卸下——退休感言

軛，終於卸下
那頭老牛
輕輕地噓了一口氣
抬頭望天

回首來時路
也曾風雨也曾晴

一位英挺煥發的少年如今
已是一位鬚髮皆白的老者

一畝田就這樣反覆日夜耕耘
從晴天到雨夜
從春夏到秋冬
如此過了幾多年？

一頭終於卸下苦軛的老牛
悠然地躺於樹蔭下嚼著青草
望著天邊將落未落的斜陽
遙想著如何安度的晚年

二〇一一年十月一日清晨

光看台客這退休感言訂題「軛，終於卸下」，已然感慨不已，人生一輩子竟被一個「軛」所制困，但放眼天下竟也可以感覺到上至領袖將相，下到販夫走卒，似乎都被許多的軛，有形無形的軛所限制，台客的感慨也就不覺意外。太過形而上的廣義不論，就形而下的狹義論之，人生最大的「軛」，似乎不外公務員和婚姻，相信這是很多人的體驗和感慨，這兩種「軛」也很相似。

佛經《四十二章經》（後漢，迦葉摩‧竺法蘭同　譯），其二十三章「妻子甚獄」：「佛言，人繫於妻子舍宅，甚至牢獄，牢獄有散釋之期，妻子無遠離之念。情愛於色，豈憚驅馳。雖有虎口之患，心存甘伏，投泥自溺，故曰凡夫‧透得此門，出塵羅漢。」一個年青人出校門，一心找到公家飯，入公門後，才發現有一個個的巨軛加在他身上，要脫身已來不及了！此種情境人生，太像婚姻了。許多人婚前充滿理想，進去才發現原來有無數枷鎖等你上門，且如「冷水煮青蛙」，等到想脫身已身不由己了！這是許多人的人生。

但其實許多人也大概知道，明知山有虎仍向虎山行，凡事利弊相對，惟公務員和婚姻實在是人生中極大的「軛」，要把軛經營成花園，談何容易！台客總算放下一個軛，但另一個軛在退休後往往另一種局面，情況如何！尚未可知也！

接下來談談台客這首詩的好，第一段他把自己形容成一隻老牛，「軛，終於卸下／那頭老牛／輕輕地噓了一口氣／抬頭望天」，這一刻，鬆了一口氣，抬頭望天，望出一種情境，此種情境如何？很複雜很難言，很多人有相同的感受。至少苦日子結束了，望天是看到明天以後有更寬廣、更自由的日子，有機會自己能否再度飛翔天際？過一些自己想過的自由生活。

第二、三段回憶往昔那一輩子公務員生活，從年青到老，春夏秋冬，幾十年就過了，覺得不可思議，那種無聊的日子，同一畝田反覆耕了幾十年，自己都不相信是怎麼走過來的。

第四段享受著退休的閒適生活，但「悠然地躺於樹蔭下嚼著青草」這句似有商榷，我小時候也在鄉下農村長大，通常牛站著吃青草，躺在樹蔭下只是在反芻胃裡的東西而非吃草。但詩並不在乎這類理性思維，而重視感性情境，例如張繼的「楓橋夜泊」詩句中，有「夜半鐘聲到客船」，歷史上很多質疑三更半夜裡，那個寺廟在敲鐘？豈不擾人清夢，分明是與事實不合的虛構。人們才不管這些，人們喜歡那種美的情境，和人心才有共鳴！若說那與事實不合，則「白髮三千丈」、「黃河之水天上來」是更大的謊言。

整體而言，台客這首退休感言寫得「健康明朗」，對一個公務員生涯的描述，合於實相而發人深省，給年青一輩或想吃公家飯的人再一次反思，你是否決心要用一個大大的軛，數十年都套在自己頸子上？

歡迎台客這頭老牛加入三月詩會，本會是無組織、無結構的一種「鬆散聯盟」，台客必能自在揮灑。

小記：台客小檔案詳見書後附錄。

第十七章 從台客「聞老李被起訴」說起

——老李何時蓋棺論定？

三月詩會詩人在思想本質上，屬性是「中國的」，高舉中華文化的大旗，政治現實當然就是統派的（詳見《三月詩會研究》第一篇第一至五章）。這部分本書不再論述，但台客這首詩實在太妙了，引起兩岸詩壇許多迴響，甚至老外也動容。台客現在是三月詩會詩人，故深值特為一說。

先說一個可以給老李——就是老番癲李登輝啦！給他當一面血淋淋的鏡子，是抗戰時期的大美女、大漢奸兼大女間諜川島芳子的故事。這女子「人之將死、其言也善」，也算為自己的春秋定位拔回一點，精神還是可佳。

川島芳子的故事拍成電影的，寫成小說的，相信很多人都知道。只是電影、小說大多虛構，並未呈現真實的川島芳子。

一九四五年八月十四日，中國抗戰終於取得最後勝利，倭國無條件投降。兩個月後，日本女間諜川島芳子（當時各方認定她是日本人）被捕，消息震動全國。每回法庭審判她時，庭外人山人海，都想爭睹這位女間諜的「廬山真面目」，然而真實的她到底是誰？

川島芳子原名「愛新覺羅・顯玗」，父親是大清肅親王善耆，在她六歲那年送給倭國川島浪速作養女，改名「川島芳子」。這事說來也叫人想不通，好好一個中國皇族的金枝玉葉，怎會送給倭寇當養女，只能說那時滿族人已腐敗墮落，廣大的國土都能割送給人，何在乎一個皇族的血肉之親，大概連靈魂都可以不要。也或許如此，這小女孩長大要當漢奸，報復她的祖國！

川島長大了，一九三一年回到中國，在上海結識倭奴國特務頭子田中隆吉，開始了她的間諜生涯，並且改名「金璧輝」。以她的聰明手段（絕對不輸老番癲老不死的李登輝），加上外形風姿卓絕，姿色珠麗，很快成為政治和社會兩種舞台的明星級人物，這些都只是表相。

一九三三年金璧輝在中國東北，收羅了張宗昌的舊部，變成這支漢奸部隊的司令，專幹賣國的勾當，或說好聽些是日軍的情報部隊。這女子有何能耐？能從一個高級交際花瞬間變成司令。（註：軍隊編制中的司令可大可小，筆者也當過司令，但民初司令是很大的官位。）

金璧輝幹起司令後，往來穿梭於東京、上海、北京、東北之間，專幫倭國軍隊打探消息，以利倭國進行「三月亡華」政策。就心理分析解，這純粹是一種報復，因為她的父母、滿清皇族及全中國，一定是她痛恨的對象，全都對不起她，她甚至也痛恨「愛新覺羅‧顯玗」。她時而西裝革履，成了英俊的帥哥；又忽而身著華麗旗袍，以各種不同身份進出各種場所，為藉機探聽蒐集國軍情報，提供日軍之用。

但終於戰後她被捕了，開庭審訊，法官問金璧輝：「你到底是日本人還是中國人？如果是日本人，蔣中正委員長昭示以德報怨，本庭對你會從輕量刑；如果是中國人，你可是犯了通敵叛國的死罪！」這是真的她若是日本人，回到日本還是大英雄、大功臣；若是中國人，幹了漢奸當然死路一條！

萬萬沒想到，金璧輝連聲回答法官說：「我是中國人，道道地地的中國人。」法官只好判了她死刑。但就在執行死刑的前一天，她離奇的，香消玉殞在獄中，寫小說的人更有文章可做了。

其實依法依理，她可以說是日本人，就算她在法官面前大聲說「我是日本人」，也沒有錯，錯不在她，送給日本人時她只有六歲。當她成為日本人、效忠天皇，為國效勞是很神聖的任務，回到日本她是英雄、功臣。

但她終究選擇死，或許這時生死對她已不重要了，她要在最後的「蓋棺論定」上，確認自己是中國人，是道道地地的中國人，要死在她夢中的祖國母親的懷裡，至少讓靈魂安息安慰吧！

我為何提起川島芳子的故事？應該說是「愛新覺羅・顯玗」的故事，因為她和李登輝雖生在不同時代，但其可憐處和背景相同，顯玗是中國人送給了日本人，當漢奸；而李登輝則是日本人送給中國人，也當漢奸。顯玗在最後的蓋棺論定之前，找到了自己，這種勇氣可以給李登輝當一面鏡子，李登輝可以不必到最後才找到自己！

李登輝的生父是筱原笠次郎，日本派駐台北的刑警。母是江錦氏，在筱原家當幫庸生下的私生子，詳參從網路列印下李登輝的身世，收為本文附件。以供了解。

二〇一一年七月台客創作完「聞老李被起訴」，很快在網路上流通，引起很多迴響。本文選擇一個馬來西亞的詩人杰倫，寫的一篇「聞老李被起訴」感言（葡萄園詩刊第一九一期，二〇一一年秋季號），供各方雅賞。

讀〈聞老李被起訴〉感言

杰倫

我是個愛詩也寫詩的老人了。

我在馬來西亞出生，長大後投入政壇活動長達四十年。

我曾在反對黨陣營參加過多次競選，也僥倖當選為多屆國會及州立會議會議員。

然而，我已自政壇淡出快十二年了。

我見過許多為了「私利」而賣族求榮的政客，也嘗過當一個堅守原則及仗義執言的政治人物的苦頭。今日我雖已遠離政壇，卻不時還見到貪得無厭的傢伙，在眾人眼前出現，有的不幸失手，但更多的卻逍遙法外，令愛國者氣餒。

當我見到「無良知」的傢伙像隻「野豬」般落網了，我的心情也如詩人台客兄一樣，一樣的激動，一樣的拍掌叫好。這時刻自然會想到寫詩，也不管詩的技巧是高是低，筆底下流露出的感情，卻是最原始的、最純樸的。

當我由電腦接到台客兄〈聞老李被起訴〉的詩時，雖台非我之國土，但我對詩人台客詩裡所表達的感情，詩中的語境，與構成整首詩的質地，我是十分欣賞及愉悅的。

此刻就讓我和大家一同分享台客在他心情「極爽」的情況下所寫成的這首詩吧！台客寫成的這首短詩共十六行，每節四行，是最傳統的詩法。

但詩開頭的兩句：「那隻老狐狸／再也無法遁逃了」詩人聞「他」被起訴的喜悅之情，一下子就流露出來，毫不掩飾，並且用了動物中最狡猾的「老狐狸」來形容這號人物，而巴不得將之「送入大籠裡」（是象徵的語言）。

這個「他」是誰？相信只要對台灣政治或時事稍有涉獵者，便不難猜出，在此詩人不赤裸裸予以點破。

詩人怎麼用「狐狸」這個字眼呢？原來「他」扮演過羊的角色，企圖「贏得主子的青睞」（誰是主子呢？了解「他」的讀者，自然會心一笑。）不僅有過羊的裝扮，還有讓人感覺「牛」一般勤耕的精神的「他」，但如果他是一隻狐狸，它最終會露出尾巴，而狐狸的尾巴肯定是臭的，也正如詩人台客所寫的這首詩的最末一句：「任人訕笑與唾罵」

我是愛詩也寫詩的一個老人，我喜歡欣賞政治詩，也學著寫一些政治詩。但我覺得政治詩難寫得好，寫得過火，便流於宣教。台客看來很少寫這類詩。可是他出手高明，把三種不同性質的動物結連在一塊，來描寫一個紅極一時而最終落得「身敗名裂」的人物，還有比這更靈活，更深刻，更形象的寫法嗎？

附錄：

聞老李被起訴

台客

那隻老狐狸
再也無法遁逃了
這一次我們
一定要把他送進大籠裡

他曾經扮演
羊的角色
身段如此柔軟
贏得主子的青睞

他也曾扮演
牛的角色
好像一步一腳印
努力耕耘這塊土地

最終啊證明
他只不過是一隻狐狸
露出一截難堪髒臭的尾巴
任人訕笑與唾罵

二〇一一年七月一日

台客這首詩真是寫的太「奇美」了，健康、明朗、中國，萬分傳神。起先老李像一隻羊，絕大多數（支持率達七成的美好歲月）人喜歡他；接著像一隻牛，也受人尊敬，他有機會讓全台灣甚至全中國（至少十億以上），都成為他的「粉絲」。可惜啊！可惜，他非要去搞台獨，非要出賣靈肉，像一個妓男，不賣屄賣屌，日子過不下去，此謂之「賤」。終於狐狸路也走完了，路走到盡頭，越走越窄，成了台灣罪人，成為漢奸，成為中華民族的罪人，真是何苦！人最可悲是自己把自己玩垮了。但他為何走上這種路，下文從網路取下了解他的成長背景。

附件：李登輝的身世（資料來源：網路）

李登輝於民國十二年一月生於台北市，其生父為：筱原笠次郎，係日本派駐台北服務之刑警，生母為：江錦氏，是台灣女子，時在筱原笠次郎家中幫傭時所生下之私生子。李登輝自小進入淡水中學及台北高等學校，畢業後由其父帶回日本進入帝國大學深造，至民國三十四年因日本投降，遂與同學彭明敏、許遠東等多人來台，李登輝來台後，舉目無親，想找尋與其父曾在台北一起服務之金龍伯伯，經多方探詢才獲知金龍伯伯已退休回三芝鄉置產養老，遂前往且拜為義父，由原名岩里正男改名為李登輝。

故李登輝曾與很多日本訪華團在接見時還用日語向他們自誇自己在二十二歲以前

還是真正的日本皇民身份呢！其義父李金龍先生喜歡喝茶，常與老朋友品茗聊天時，偶爾說出：阿輝與曾文惠結婚時，要我不可為他主婚，因嫌我長得太矮，一塊站在台上不稱配，有失面子，為此我感到非常遺憾。

李登輝確於三十五年參加中共台大讀書會，三十六年由吳克泰介紹加入中國共產黨，後來在中共指派謝雪紅領導的中國共產黨台灣工作委員會（即共產黨外團組織）任書記於三十八年四月被台灣治安單位發覺，由國家安全局所逮捕，曾與翁文維同押於台北市西寧南路保安司令部拘留所，被稱為「台大四六案」李登輝當時被關四個多月，為求脫身，不惜寫自白書，並密告同學同志多人，致有蔡松城、張壁坤、胡滄霖、賴正亮、吳玉成等五位同學慘遭槍斃，並有多人判刑。

彭明敏、許遠東等則聞風而潛逃至海外，倖免於難，李登輝因密告破案有功，特准由行政院副院長徐慶鐘保釋交由蔣彥士（農復會主委）安置農復會工作，先由技術士再升組長，在台大任副教授時才辦自新，當時國安局長周中鋒曾對李登輝說「你以後可以當教授，但不可以當公務員」！真夢想不到後來還當上國家元首了。

在蔣經國逝世，李登輝代理總統，便命一同坐牢難友翁文維為調查局長，將以前所有不法案件資料徹底全部消毀。在以後之黨政大權掌握下，開始獨裁，不聽諫言，一意孤行，吸收金牛，掛鉤黑道，排擠忠良，打壓異己，重要罪行是以一己之私，亂改憲法，以外來政客製造省籍情結，廢除三民主義課程，與民進黨台獨相呼應，使黨內精英相繼出走，又以總統之身，要求廢省、凍省，以遂其早日完成台獨心願，再以修憲增權，以鞏固其專橫之政權。

任滿後之總統大選，更排除異已，罔顧黨內聲音而提名連戰競選總統，仍一心想當上「太上皇」、及穩坐國民黨主席的位子，唉！真是權利腐蝕人心！走筆至此，想想一個日本人的兒子，都可當上台灣的總統，統治台灣已十三年之久，而且又刻意栽培陳水扁等人，他是台灣永遠的亂源。

了解了老李的出身背景，才發現他和顯玗（川島芳子、金璧輝）多麼相似，所不同者是顯玗出身高貴，是金枝玉葉的皇家血緣。相同者是嚴重的自我迷失，一生找不到路，找不到家；因為他（她）恨，恨死原生父母，也恨那個原生的家，心中一定存在要狠狠報復的念頭，於是不斷的找刺激（用以麻醉自己、使出賣行為沒有感覺）。於是……出賣自己、出賣朋友同志、出賣祖宗八代、出賣國家民族、出賣靈和肉……但為何顯玗在最後關頭要選擇一條死路，放棄一定可以到手的活路，放棄回日本成為「民族英雄、俠女」的機會，乃至放棄必然可得的榮華富貴？為何？為何？？？只有一個原因「人之將死，其言也善」，她要改變最後的人生，她要「蓋棺論定」，回到本來面目（佛教所說人之本性、善性、佛性等），成為「道道地地的中國人」。其精神可敬，但不值得效法（指不要等到最後一刻）！給老李當一面鏡子！

是啊！人生凡事不要等到最後一刻才做，萬一來不及呢？豈不一生遺憾，且遺憾而終，不智！我近年常勸無宗教信仰的朋友，不論你要信佛或天主，早些去皈依（受洗），不要一直拖到最後，家人才在你耳邊問：「要用佛教還是天主教儀式？」你用最後一口氣說：「我要……佛……」萬一一口氣上不來，豈不到另一個世界當「流浪漢」！

寫本文的目的，除借台客的詩吟諷人世間的罪惡黑暗，也想勸勸老李，以川島芳子為鏡子，不到等到最後一刻，早一點告訴國人：「我是道道地地的中國人」，便是早一點得到自在解脫，老李啊！別掙扎了！

李登輝只是代表，代表台灣地區所有的獨派人士。所以，需要正視這個問題的，其實是所有那些獨派思維的人，他們血液中流著炎黃血緣，是道道地地的中國人，別再掙扎啦！你是中國人也是台灣人，不是嗎？

第十八章 關雲「一飲而盡」讀後感

——平淡自然．內蘊深深

王少鸞

著者按：本文由關雲提供。王少鸞女士現居廣州，為葡萄園詩刊已逝同仁王碧儀的姊姊。

最近，我讀了關雲的十多首詩，首首佳作，字字珠璣，看來看去，我最喜歡的竟是「一飲而盡」。連我自己也覺得驚奇，因為與其他詩相比，這首詩表面平淡無奇，無綺麗詞藻，無激情語句，無美麗的寫景，無波折跌宕的情節，究竟是什麼使我鍾情於她呢？經一番細細咀嚼和自我檢閱心路歷程，我終於明白了，正是她的平淡自然深深感染著我，在流水行雲般的詩句之下有一股暖流湧盪著——這就是愛。愛著人類，愛著萬物；還有一股清流滌蕩著詩人和讀者的心靈——你是否愛著人類，愛著萬物。

詩的最後幾句是「於是，我開懷的——一飲而盡，這薄薄地，清淡地，無邊夜色」。詩人沒有著意描寫夜色，詩中夜色並不璀璨，沒有眩目的霓虹燈，沒有星星月亮，沒有夜風，沒有蟲鳴，只有寧謐的天籟，是什麼使詩人一飲而盡這樣的夜色，我反觀頭三句「永遠沉默著，不與長夜爭什麼，任天籟怎樣的甯謐」。在萬籟俱寂的長夜，詩人永遠沉默著，詩人真的沉默嗎？不，她有話要說，只不過是在心裏向蒼穹祈求，但絕不是為了一己之私，只是謹希望，那浩瀚恆常的愛，恩及萬物，以謙卑的心和日月的陰晴圓缺，關照著人間的悲歡離合」。

在現實的競爭社會中，多少人苦掙扎，多少人醉生夢死，多少人怨天尤人，多少人自暴自棄，而詩人上下求索，祈求人間永恆的愛，廣覆人世，化解矛盾痛苦，撫平創傷，激勵人生。

接下來的幾句是「以坦蕩無拘的胸襟，因純真至誠的愛，愛著人類，愛著萬物」，我意會到這幾句是詩的中心所在，也蘊藏著雙關的深意，既是對上蒼的冀求，也是呼吁世人都這樣行動。推而廣之，詩人如此，讀者如此，世人皆如此，世界會多麼溫馨，多麼可愛。

平淡自然而有內涵的詩很難寫好，葡萄園女詩人關雲能做到這點是她筆力深厚難能可貴之處。

「陶淵明的作品風格特徵首先在於平淡」，「但是平淡無奇並不是空虛淺簿，而是平淡中有深味，平淡中有奇趣，這是陶詩內涵的特徵」。（摘自中山大學中文系教材系列《中國文學通史》之二中，陶淵明作品的藝術風格及其影響）。「一飲而盡」正是於平淡處見深意，值得細讀深思。

全賴有愛，夜色醉人，才使詩人「一飲而盡」。

這首小詩有如在水中央那片荷葉上的露珠那樣，微風吹來，她顫顫盈盈；風南點，她會一分為二，二分為四；風止了，她又會凝為一顆靜珠。她自然平凡不值錢，但卻是那麼清純晶瑩，非金銀珠寶可比，因為她能解人們心靈之渴，多麼令人愛煞的露珠。

我願與關雲對飲而盡，諸君亦然否。

二〇〇〇年四月廿三日

附：

一飲而盡

關雲

永遠沉默著
不與長夜爭什麼
任天籟怎樣的窩謐
謹希望
那浩瀚恆常的愛
恩及萬物
以謙卑的心
和日月的陰晴圓缺
關照著人間的悲歡離合
以坦蕩無拘的胸襟
因純真至誠的愛
愛著人類

愛著萬物
於是，我開懷的
——一飲而盡
這薄薄地
清淡地
無邊夜色

小記：這首詩收錄在《夢在星空下》（台南：王家出版社，二〇〇一年八月）。

第十九章　宗玉潤《笑看紅塵》和《相思未了時》詩集

宗玉潤是本會關雲的女兒，她不是三月詩會成員，本非本書寫作論述的對象。但有二個原因使她成為三月詩會的「詩友」。一者她老媽是三月詩會成員，所以玉潤算是「眷屬」身份；二者玉潤在《相思未了時》詩集的後記，表示「常聽我老媽談起你們詩人聚會的討論情形，也希望有這麼一日，我也能就此成熟的加入你們詩友，成為文學上的一顆星！」

這小女生已表示要加入三月詩會，按三月詩會的「不成文憲法」規定，須本會通過，並於通過的下次聚會負責作東，始成正式會員。玉潤尚未入會，視為「會友」，可為本書論述之範圍。

宗玉潤的詩集有兩本，都是以手工製作的很精美，古色古香，光看紙張便已散發詩香味，兩本詩集都是未出版、未經公開發表之作品。想必是製作來個人典藏或贈送好友，我獲得贈送是個人的光榮。以下分別引介玉潤這兩本詩集。

小女子《笑看紅塵》已非紅塵

《笑看紅塵》含後記共四十二頁，每頁兩首小詩計有八十二首。打開封面內頁跳出幾行字：「陳老哥：請賜教！後記四十二頁有老詩人周夢蝶評。玉潤上。一百年三月三十一日」。我瞬間開懷，因為我輩份一下低了一輩，年紀至少也少了幾十吧！至少我看到關雲可以合理合情的叫她「阿姨」了！我說關雲阿姨，是不？

打開最後一頁後記，果然是周夢蝶賜序，幾行字「荀卿夫子有言：千里之遙／起自跬步／宗玉潤小友善思念之／蛙步者　半步也　九十六年十月廿二日　夢蝶周伯伯字」。顯然這本未出版亦從未發表的詩作，早已經當代大師級詩人周夢蝶老先生「認證」過了，那麼宗玉潤的現代詩水平，就已經獲得了肯定的。我首先從這詩集直接掃描幾首詩，諸君共賞：

這是詩集中任意掃描下來的四首，玉潤的詩都是現在很流行的小詩，讀者的第一印象感覺很簡潔清淨。「茫點」中的妖精是誰？「和如來約會」很有創意，我身為佛弟子至今尚未曾和如來約過會呢！這小女子才幾歲怎知和如來約會？

茫點

妖精在花園裏面無拘無束圍繞在我身邊跳舞
總有一個聲音對我說：
我愛生態保護
不會破壞大自然
所以在我的世界裏有不可思議的事情發生

浮生若夢

生不帶來死不帶去
不論貧與富
一瞬間
留不住
化爲煙霧

和如來約會

道者是道
善者爲善
你的慈顏融化我的冰
和你每日一聚是我的榮幸

那首詩

若有緣　就聚首
若無緣　就笑笑
境過世遷
不要忘記
我們曾有一面之緣

天鵝

夜幕
在湖裏有一隻隻的天鵝在戲水
牠們舞著
迎接黎明的到來

向日葵

每一情節
絕對浪漫 刺激 詭異
一陣清風
而我就陶醉在妳的秀髮香味中

眼睛

眼睛是我們的靈魂之窗
它使我們看遍全世界的風景
因此我們應該好好保護我們的眼睛
不要讓它做黑夜的導盲者

走味的咖啡

是我的嗅覺敏感了嗎
那麼爲何這咖啡這麼的澀
或許是他沒來
使我獨自淺酌著

顯靈

你遺忘的東西
不論怎麼東翻西找
就是找不到
因此　便祈求神明　祈求往生的外公
果然　找到了　我鬆口氣　笑了

一個人

午后
家人們都不在家
看一本好書
我的心裏也很踏實

痕跡

人世間
生活總是戰戰兢兢
只要一犯錯
不論是正面或負面
都會留下痕跡

拖把

如果沒有我
家裡也不會那麼乾淨
你們還嫌我把清水弄渾了
但我還執著認真的工作

相思成災

焚燒三千髮絲
把今晚想念妳的心情
和酒共飲
不醉不歸

一枝獨秀

你這根小野草
真是不能小看你
就算你不怎麼起眼
但是在狂風暴雨中
你依然可苟活　依然不倒

純真

你對狗好
狗就對你忠心
不論你給牠吃什麼食物
牠都不會挑剔
而你對牠吐心聲
牠並舔舔你的小臉
向是回答是的應聲

同學會

參加媽媽的同學會
見他們噓寒問暖
才知道他們相隔五十多年
一群以往在校的同學
都變成七老八十
時間的流逝
代表人與人的親情與間隔

還有那「浮生若夢」提示眾生，一切的一切可能瞬間化為煙霧；而「那首詩」是一個緣，反之一個緣也是一首詩。

詩的形成需要一個人對生活有深刻體驗，認真在生活，並將捕抓到的元素（靈感）加以沉澱、沉思，才能製造出好的產品（有詩語言的詞句）。以下再掃描出六首詩，叫任一讀者來「判讀」，你是否聞到詩的味道？

「向日葵」的秀髮怎讓人陶醉？「走味的咖啡」其實沒有走味，因他沒來。這首詩算很高明；而那「眼睛」若成了黑夜的導盲者，將如何？「拖把」是很負責盡職的人，而且寬宏大量，不很在意人們誤解，詩人是在說自己很寬宏大量吧！

這些詩都從身邊取材，基本上自然材料，現成的元素，司空圖二十四詩品中所講詩貴自然亦不過如此。而以玉潤的情形，關雲說她喜歡寫詩讀詩，但從未發表過，能有本文所展示的這些「樣品」，只能說這小女子對詩真有一點「天生的種子」，得到關雲的遺傳。

到底怎樣才叫詩？好像沒有一位詩論家說得清楚講得明白！我相信玉潤在家一定問過她老媽關雲「怎樣才是詩？」關雲要怎麼回答。

我個人的感受體驗認為，詩是一種講究「美」和「真」的東西，故視覺感覺很好，能和我產生心靈交流，便是好詩。欣賞一首詩，和女人欣賞一件衣服、男人欣賞一個女人，乃至賞花看月，本質上沒有太大不同，都只要感覺良好便有了基本條件，進一步交流（再看一眼）就會「來電」。讀一首詩會叫人「來電」，無論如何，這已是詩，且是好詩，諸君以為然否？

現在再看玉潤展示的六件「樣品詩」，「顯靈」、「痕跡」、「一枝獨秀」、「同學會」、「相思成災」、「純真」，讀那首詩你有感覺？那首會「來電」？

玉潤這本《笑看紅塵》，小女子看到的已非紅塵，因為紅塵被她詩化、淨化，成一方淨土。

《相思未了時》有「沒有了斷」的因果

玉潤這本《相思未了時》詩集，含後記三十九頁共有七十四首短詩，每頁兩首精美又整齊，玉潤在後記說：「這是我深受媽媽的影響，初次寫一本小短文詩集。」並說學習老媽的學習精神，她自覺是文字很淺，但是在我老媽的指導與修改之下，完成了此作品《相思未了時》！這個主題包涵了萬物之靈，並不是只有人與人之間的接觸，不論在動、植物上及大地和宇宙的運轉，都有「相思」與「沒有了斷」的因果。

原來玉潤的「相思未了時」內涵已和常人不同，一般所見乃至我所認知，相思未了時都是指男女的情愛糾纏，歷史上有名的詩人寫這種題目亦如是。但玉潤顯然已經打破了這項歷史法則，她指的是對萬事萬物的情，以及「沒有了斷」的因果，這又突破了時空，包含了「三界」相思，欲界、色界、無色界，及現在、過去、未來。到底如何？先讀幾首玉潤的作品。

這六首詩，「夫妻」平實，「淚光」很細緻，「盼」能引起同感，「想飛」在語言運用上有些缺失，「天空」直白些，「情書」很成功。

就現代詩技法言，這六首詩最成功的是「情書」和「淚光」，其次是「盼」。但最成功要算「情書」，這首詩的前六行連續用了六個形容詞構句，這是散文不是詩。到第七行「這就是第一封的情書」，發生了奇妙的變化，第七句可以改變前六句的屬性，使散文成為詩，因而成就了這首「情書」小詩。這是詩的奇妙，由此也見玉潤是有些功力的。再讀玉潤展出詩作：

「春天與詩」是很美的短詩，意象佈局也高明，春天情境鮮活，一首首小詩誕生了。「流星」展現這小女生的創意，不同於別人的的思考，通常世人都說向流星許願，玉潤反其道而行，流星也向眾生許願，且把流星擬人化，這首五行小詩也很成功。

天空

有太多的夢想
刻印在我心底裏
此處　我在微涼的午后草地上
仰望著天空
看著一朵朵的白雲在飄
鳥們在天上飛翔
真羡慕它們視野開闊

盼

看著路邊受傷的小狗叫聲淒涼
母狗雙眼含著淚
芸芸眾生裏誰是獸醫
母愛的本性使牠心急如焚
若能夠
牠很想用自己的性命保住小狗健康的生命
一家和樂融融

夫妻

從年輕的時候訂婚到結婚
我們已經到現在變老
而你還是那麼溫柔扶持我
就算家境很清苦
你並沒有為了我重病丟下我
這生　我很感激
我沒選錯了你當我老公
就算生死簿裏問我來世時要和誰結良緣
我必定會選你
我也會向今世一樣照顧你
永遠…

情書

妳的眉笑起來像朵朵花
妳的眼水汪汪
妳的鼻小而挺
妳的嘴像櫻桃
妳烏溜溜的長髮披肩
小蠻腰的身材婀娜多姿
這就是第一封的情書

想飛

你總是說我依賴你
不給你自由
而我是沒安全感
才會依賴在你身邊
每個人都想闖出一片天空
可是我無法走出自己的世界
怪只怪我自己沒這個膽量吧
再怎麼怨天尤人也沒用
唯有靠自己的勇氣才能扭轉乾坤

淚光

你總是說「她」是你的普通朋友
但是你和她那種親密動作卻又如何說起
每晚　你回來
雖你還是和平常一樣對我百依百順
但是我覺得和你溫存的感覺不一樣了
沒有那種細膩
沒有那種觸感
看著你在我旁熟睡的模樣
我流下了淡淡的淚光

彩虹

雨後的彩虹
天真無邪的看著大地
不論是哪一種顏色
剎那間
一會兒就不見了
然而在我心中存在的是
永恆不滅的美麗

流星

哎呀！人們不管我生命短暫
只一味求得願望
而我呢
我也有自己的願望
也想向眾生的許願

夢求

這小麻雀受傷了
我們撿到把牠關在鳥籠裡
但是
牠卻仰望天空
似乎想著牠們同伴
何時才能有自由身呢

春風化雨

大地清澈如鏡
浮雲繞金光
生命是時間的主宰
在一瞬間
飽暖之內
萬物的滋靈才有了昇華

夏日情懷

夜
我拿著笛
配合蟬叫聲的音律
像是訴說著一首一首的詩篇

春天與詩

大地暖洋洋
樹木花草都綻放
天上的鳥兒雙雙對對在閒話家常
而我　在小山丘上
心裏一首首的小詩誕生了

「彩虹」和「流星」一樣，都擬人化了，「天真無邪的看著大地」是這首詩的靈魂之窗，沒有這句如畫龍未點睛，木刻的神像未開光——不神。

玉潤的這兩本小詩集，有詩一百多首，不能一一例舉，若有機會在關雲「阿姊」的教導下，加以補充修訂出版，更多人可以欣賞玉潤的天份，才是「王道」。因為兒女有心努力，父母不成全是為過，玉潤即然表明自己要成為詩人，媽媽自己也是詩人，卻未全力促成栽培，關雲要思考是否讓家中多一位詩人了！是否要叫女兒在詩壇上露臉發光了！

只是這一來，萬一長江後浪推前浪，一浪比一浪高，把前浪推倒了，關雲要有心理調適。

本文寫作的動機與目的，乃針對一個從未發表詩作，也從未寫詩的小女孩，她又是三月詩會會友、眷屬；她喜歡詩，也很想成為一位詩人，初次開筆就有二本小小詩集呈現，詩也寫的很美、很真，文字運用和佈局也很自然，可謂如行雲天成。

為此，這小女孩，玉潤，她可以在詩壇上展示她的「樣品」，叫各家看看她的詩作，特為玉潤引介。

第三篇　詩論：三月詩會二十年春秋吟詠

第二十章　祝賀三月詩會二十歲

三月的逸情

—為三月詩會成立二十年所作

王幻

永和九年三月
會稽山陰有一場
別開生面的文士雅集
吟詩作賦曲水流觴，致
醉成千秋盛宴

微醺之筆翠墨淋漓
蜿蜒風行水上自然成文

一篇冠蓋古今的
《蘭亭序》應景而作
應時誕生……

民國八十年代三月
一群年屆花甲的同道
在台北中央圖書館成立
三月詩會，以期
踵事增華古今比肩

追夢二十年
自花甲邁向髦老
欣見愈老愈堅聯吟品評
每見音波迴漾著
曲水流觴逸韻詩情！

二〇一一年四月廿五日 於晚吟樓

詩宴

傅予

——《三月詩會》成立二十週年紀念

每人一道菜
不是山珍海味，而是人生在
悲歡離合攪拌中的一個大拼盤

每人一道菜
不是有媽媽的味道，而是
心靈邂逅繆斯片刻的凝眸

每人一道菜
不是追星趕月的風雲大會，而是
慶祝你滿二十歲生日快樂的一席詩宴

附註：本〈詩宴〉是《三月詩會》創會二十年來的一道小菜，目前成員有：麥穗、潘皓、一信、晶晶、金筑、王幻、謝輝煌、雪飛、童佑華、丁穎、許運超、徐世澤、林靜助、陳福成、文林、蔡信昌、關雲、傅予等十八人。每月第一個星期六雅聚二十年如一日。往生的幾位創會會員，可謂「鞠躬盡瘁，死而後已」！

三月詩會二十年

晶晶

鍾愛詩的一群朋友
在休閒的日子裡　隨著
三月詩會淡淡的歲月　彈指間
竟已漫步了二十年

不為留名　不為傳唱
只是為了讓
詩筆不銹　詩思不懈
自娛娛人　樂活活樂

定期聚聚餐　品品茶　談談詩
視野遍及　古今中外
思維所至　隨緣而行
以雅量接受評語　釋觀點據理力爭

摒棄一切黑、白、藍、綠
悠遊在三月的詩園裡
攬一懷淡淡清風
輕吟漫吹　怡然自得

二〇一一年四月廿八日　於龍潭渴望村

慶祝三月詩會二十年

涂世澤

我參加三月詩會
進入真北平貴賓廳會場
看到詩友們以風趣深入研討
而認真的會心聆聽
只期待能有個夢幻的憧憬

內涵精彩又多樣，是
王幻麥穗輝煌創辦時的初衷
若不是有幸得以參與
我真不知道洞內
還有亮晶晶的天光雲影

二〇一一年七月二日

賀
三月詩會
20歲

一年又
一年
的
跑了
我們追着
第二十個三月
跑
再跑
為
對我
你
再清算

陳福成
三月詩會
2011.9.3習作

一個建議，大家思考
凡有要加入本會的，於當事人蒞臨的當次詩會，就由他做東，再依原序輪下去.

三月詩會二十年的期待

陳福成

莫使歷史儘成灰燼
必將那燼灰再熬煉
成仙——丹

莫使人生精氣神儘退役
必將那隱逸之椽筆
再麾——灑

莫使青春喚不回
必將那已逝的良宵
再喚——回

好誏那「三月情懷」、「茶情詩意」、

「端陽詩情」
再青春一次
再站上舞台的正中央

二〇一一年四月三十日三月詩會習作（五月份）

祝福　雪飛

——三月詩會雙十年華

你雖不是
英國王宮的名譽官員
但頭戴詩人桂冠
已經雙十年華

你擁有青春的美
更有青春的靈感活力
你頭上的詩人桂冠
不是英國王宮所授予
是你用唯美的詩句
一字一字，一句一句
創作的高貴藝術

雙十年華
就是一枝最珍貴的筆
我特以此來祝福
祝福你的靈感
一朵接一朵，不斷
有詩的花朵綻開……

二〇一一年八月十八日

建國百年・三月詩會廿年

謝輝煌

百年

百年一躍
檀溪過了
把酒問青天 幾時有
佛印燒肉
虎溪三笑

二〇一一年四月二日 得題後

搞

——慶賀「三月詩會」二十週年

那群老傢伙
天南地北搞在一起
搞吃搞喝搞鬥嘴
搞了二十年
搞醉在詩的懷抱裡
搞得不知南北東西
就是不搞男女關係

二〇一一年四月三日 作

創匯

我那兄弟
見面就哭哭啼啼
哭訴他為我受了很多罪
——戴高帽　挑大便遊行……
餓死了
親友不敢理
我一聽
趕緊塞把美金去消氣

塞把美金去消氣
他還是哭哭啼啼
哭訴那沒收了半世紀的老屋
沒錢贖回

我又只好掏一把美金讓他創匯
可他從不肯告訴我
是誰給他栽上
那一大堆有毒的黑罪

二〇一一年四月四日　作

黃金分割

誰說　我沒有資格講黃金分割
我是專搞攝影的呀
每次執行空照任務時
向下一瞧
我分割到的實在太少

別再沉醉愚人節的樂趣了
我是夠資格講黃金分割定律的
因我善於從觀景窗中看風景
看風景中的黃金比例

二〇一一年四月五日　觀〈黃金檔案〉後

三月如詩

——寫在三月詩會二十周年慶

麥穗

三月
春雨如詩
霏霏在台北上空
三月
友情如春
溫馨在國圖一隅
一群唯恐老之將至
詩心未泯的吟者
不甘寂寞
擁一片詩韻酒香
自中山南路攜手起步

吟唱著走向熙攘人間

這一走走了漫漫二十年
走失了七個好伙伴
也陸續引來二十多個愛詩人
今天我們幾支健筆
手攜著手繼續大踏步
向第二十一年邁進

二〇一一年四月十八日　於烏來山居

小註：七個失走了是文曉村、張朗、林紹梅、劉菲、田湜、王碧儀、周煥武，七人去了天國組「天國三月詩會」。

春的誘惑

丁穎

一、為三月詩會二十歲而寫

年華雙十，綠油油地
芳齡，渾身都是誘惑
媚，嬌，軟玉般肌膚
散溢著淡淡溫香
古今多少騷人墨客
　英雄豪傑
莫不欲一親芳澤
醉於妳無以形容的魅力

我們這些七老八十的
流浪漢，所謂詩人
每月第一週末，聚在數坪大的房間裡

一邊喝著金門高粱酒
一邊對妳評頭論足
甚或檢視妳每個細胞
只因對妳情有獨鍾
以及，那不可言喻的誘惑

二、落花

流星雨
情人淚
和著鵑啼
染紅暮春風景

你是莊周夢裡
飛出的蝶
蹁蹁躚躚，舞老
一季春

建國百年暮春於台灣客邸

雲水遐思

潘皓

——及三月詩會邁向二十年

雲，悠悠地飄著
水，潺潺地流著

悠悠跨向雪嶺
潺潺穿過峽谷

一在，揮灑沒骨潑墨
一在，跌宕思古風騷

是山抑或樹
是詩抑或詞

它，仍在飄著
它，仍在流著

展出歷史長卷
留下人世滄桑

二〇一一年九月三十日　於台北哲思工作室

三月詩會二十年

文林

那年
我雙十年華
你初生

如今
你也雙十
我已不惑

是　我伴你
還是　你伴我
一同渡過最美好的二十年

但願
還能攜手

渡過未來的二十年

更盼望
能一起慶祝
我的百歲
或　你的百歲

一群種詩的人

——賀三月詩會成立二十年

台客

一群種詩的人
他們急急忙忙的
趕在天黑之前
不停地不停地努力工作

他們對詩是如此的痴情
他們對詩是如此的嚮往
從年輕到年老
甚至不知大去之將至

他們對詩是如此的堅持
他們對詩是如此的迷戀

二十個年頭過去了
始終不離不棄不散

啊啊！這一群種詩的人
他們把星星種成太陽
他們把寒冬種成春暖
他們也把自己種成了偉岸

二十一世紀之後

林靜助

二十一世紀之後誰知道就是二十二世紀？
那時的科技演進令人超越實體只有靈魂
沒有時間的概念只有永恆
太陽系繼續運轉宇宙繼續存在
地球上的萬物生機蓬勃因為無人破壞

人類進化為神
沒有生老病死
沒有痛苦快樂
沒有七情六欲

億萬年後

猿猴之中的某個系列
再度演化為萬物之靈
另一種人類再起
重新爭鬥燒殺擄掠發展科技消耗能源步向毀滅
當下的生老病死快樂痛苦七情六慾
還是做人比較有味道
不要做神

蠡測二十二世紀

童佑華

如何將一　行詩句豢養成玻璃缸中快
樂遊動的金魚　是詩人責無旁貸職守
我在讀　忙碌又憂鬱的楊喚
我在讀　浪漫而流浪的雪萊（Shelley）
我在讀　偏愛荒謬的辛波絲卡（Szyborska）
我在讀　刁著煙斗用黑手杖敲響地殼的紀弦
「江山　代有　才人出」
誰知道現代詩再精采　它能風騷到
數百年後乎？
一坨普通泥土妄想捏塑成宋瓷鍾鼎
是痴人說夢
將非邏輯的邏輯當貴州茅台酩酊

紀弦自畫像（素描）

未飲就先醉了
此刻是二十一世紀第十二個年代　距
二十二世紀尚有八十九個年頭
彭祖　李耳　在哪裡？
宇宙總是在變　未來有千萬個可能或不可能
老紀弦呀你還活著　快快舉起你那黑手杖
將這「堅而冷了的地殼」從昏睡中　敲醒

二十一世紀

金筑

太極緩緩演繹
乾坤交疊推移
陰陽互動
風行華夏大地
浩浩乎　悠悠乎
文字始焉
中華文化巍巍峨峨
遂有
漢唐盛世
明清文明
之前的夫子賢人
誰能判讀臆測
如今　電腦科技時代
我輩時人　尚拿捏不穩訣竅

今人意念之數位
如何轉換成百年後之天機？
誰能？
確信
愛恨的交織
仍糾纏不清
良知的澄明
掌握人性走向
遠瞻
後輩子孫
寓旅外太空
遠離
故鄉
袖藏　冥冥漠漠
而不思鄉

二〇一二年三月一日

二十二世紀

狼跋

瓦力（註一）現象

廢鐵污水覆蓋
到處一片死寂
只有一具機器人瓦力
靠著古老的大發電機
和簡陋的維修屋
維持他的 機器生涯

明天過後（註二）

氣候突變
全球氣溫驟降
世界瞬間凍結
再次進入冰河時期

生物重新演化

機器世界

汽車　鐵路　所有交通工具
利用磁浮軌道　在空中飛行
凡事均由機器代勞
人　像頭肥豬
坐在電腦前　靠著視訊
以一指神功　掌控一切

預言未來世界

雲霧蒼茫各一天　海疆萬里盡烽煙
東來暴客西來盜　干戈不止禍連天
飛者非鳥　潛者非魚
戰不在兵　造化遊戲（註三）

輸贏盡在雲端科技　十指間

注釋：

註一：二〇〇八年的一部美國動畫科幻電影。
註二：二〇〇四年的一部美國科幻電影。
註三：參考推背圖。

落日

關雲

斜陽　夕照著
我小聲告知你們
這就是永遠不老的
秘密

第二十一章　三月詩會詩人的手稿詩

西風

一信

颯過荒蕪　荒涼　荒外
行過楓紅　果黃　葉飄
越過瀚漠　崇嶽　大海
颯風到此　擁抱山水
有情愛　也　有淒涼

西風終是西風　終乃索涼
不若東風殷殷送暖　遍地花開
不尤南風捧陽展熱　熟果散香
更不是北風寒威嚴凍　凝土據壞
栖有輕涼　淒美　身世中有
意識的痛　形象的苦

迎新春唱老酒　李穗.

春是新春
酒是老酒
滿堂老友
吟唱新作
高談闊論
歡度人間美好時光

管他股市翻盤
任他選戰成敗
咱們舉杯
咱們高歌
美酒當前
享受人生難得一醉

象眼

謝輝煌

你的外號叫「田中」
生命的電磁網裡
赤地千里
只有一口黑色小井
救得了誰
楚河滔滔
敵軍的紅鬃烈馬
已攻佔你的核心陣地
近水
也救不了眉急

龍年元日試筆

思歸

童佑華

外一首：歸

久沒照面的
子規　一腳踩進
窗前
　意欲歸去的　黃昏腳踝
就唱起了哀哀怨怨地
花腔女高音
　彷似泣血
咕咕咕——咕咕！
她故意將末三個咕的音量
拉得既
高　又
長
不知是在
隱喻着什麼？！

註：杜鵑鳥，相傳為古蜀帝杜宇魂化，故亦稱杜宇。子規、思歸為別名。李義山有詩：望帝春心託杜鵑句。望帝，杜宇也。

六月詩題

「又一年」

春風吹來遠方的懸念
夏雨淋霑身靈
秋林愁亂層層的思緒
冬雪猛阻往探
春風夏雨秋林冬雪
日日如舊運行
跨年倒數十九八七六……
傳來春的腳步
唉！又是一年的到來

二〇二二年
六月十二日 [illegible]

登山遇驟雨

徐世澤

烏雲在空中飄散
使得山色空濛猶如烟霧
大地漸暗，雨珠飄零
一剎那，乍聞快又急的
雨點敲打車窗的声音
閃電追趕着雨點
像水盆打翻似的
霹靂拍拉落下

端坐車上，隔窗聽雨
傳來淅瀝打破寂寥

我突然朗誦起詩句來
"声声點滴鬧窗前"
"聽雨真如聽誦詩"
隣座誇讚我
詩句朗吟起來的曲調
恍若雨點淅鈴的鏗鏘

太過獎了吧，讓我很不自在
臉色就這麼一閃
憂鬱地望着天空
只求趕快浮出陽光

就此，雨止陰霾散
身体覺得很涼爽
看到雨洒出遍地深綠
洗淨萬物浮塵
而染亮滿山遍野葱蘢潑墨

許多美景忽然出現
畫成一幅「春山含笑」的圖騰

100. 10. 1.

夢中想你也會笑

狼跋

像情人　讓人心动
像父母　時々牽掛
失去　人生了無意義
得到　地獄變成天堂
奮鬥希望理想抱負
似可因你實現
無論何人
夢中想你也會笑 —

牛轉乾坤

潘皓

陽春三月，那騎在
牛背上的牧童
為了逐夢而對著
玉山那一望無際的大草原
而以夯為牛軒
縱身直上青雲

中華民國一百年〇二元於臺北

西風

丁穎

亞熱帶，不見　你亮麗的冷峻

雁行南飛　纖纖梢頭的蟬歌

清秋夜　而因，紅葉更紅

冰河在天　黃花更黃

冷月窺人

我們可見　我最喜

你悉索的步聲　你那不熱不冷

當你走過　若隱若現

霜染的菊徑　一縷淡淡地愁緒

捲起幾片落葉　淡淡地秋的情懷

目光蒼涼，臉色蕭蕭　歲在壬辰於台灣客鄉

落花

丁穎

流星雨
情人淚
和着鵑啼
染紅暮春景色

竟是莊周夢裡
飛出的蝶
蹁蹁躚躚，舞老
一季春

建國百年歲在辛卯於台灣客邨

海的憤怒

雪飛

九級大地震
在日本宮城縣的海邊
引起了海的憤怒
震耳欲聾的海嘯聲
率領滔天巨浪滾滾，襲來
和千軍萬馬
強占了平原、山丘、溝壑
摧毀了地上所有

一切建築
所有的房舍、庭園、高樓大廈
每個家庭的家具、生活用品
甚至一個、村莊
都全被摧毀
汽車、貨車、腳踏車
都被大水沖走了
大人、小孩
或來不及逃走的雞犬牛羊
都被全埋在不幸中；
這次海的憤怒
造成了人類的大災難
不分國家、種族
全都發揮愛心，伸出援手
出錢、出力各盡所能
不僅創作許多愛的故事
也吟出了不少
美的詩句

二〇一一年四月一日清晨。

為福島祈禱

一天佑生民，庇護斯土

大地震
戮破了人定勝天的神話
大海嘯
拆穿了科學預警的迷思
核氫爆
曝露了明治維新的馬腳

彷若世界末日
日本三一一的大浩劫
哪慘不忍睹的畫面
映視我的老眼竟也為之
泫然欲滴……

那個極右派的餘孽
（又在語不驚人死不休）
狂吠福島五縣的劫難
乃是遭到「天譴」
嗣經網路臉書群声反嗆
則以鞠躬道歉收場

天災人禍，無可奈何
讓我們虔誠的合十祈禱……
天佑生民庇護斯土
倖存者早日脫離苦海
往生者早日安息天國！

（二〇一一年三月十七日於晚吟樓）

漂流木

多少漂流木
把歷史承載着漂流
不久前有200萬漂流木
漂到太平洋東岸
為大帝國完成了國家基礎建設
如今又有多少漂流木
在神州大地
漂々　流々々
漂成黃河大浪潮
流成長江巨波濤
滲進八方不好搞
啊！神之州
如何叫如林的漂木不再流浪

2012.1.7.
三月詩会
陳福成

第二十二章 三月詩會詩人近年作品采集

無題

晶晶

靜坐 把心念沉澱
進入無聲、無相、無我之界
從空白中 盼望邂逅一絲靈感

隨著意念悠遊 穿雲、追風
雲開時 是晴空的視野
風過處 有湧動的思潮

牽引片片雜亂的靈動

如霧般恍惚　夢般悠遠
在久久的失落中隱隱約約

那是那一個時代的片段
又是那一段古典的情緣
如此淒迷、浪漫——
多麼美好的題材　提筆
卻瞬間遺忘了情節　吟不成詩句
一如被那漫天烽火化燼的殘渣

驀然回首　曇花一現而逝
只抓來盈掌的空虛
轟然——跌落斑駁紅塵

二〇一一年六月一日　於渴望村

老了真好

一信

飆過風　而風已息
談過情　而情已遠
飄過煙雲　而煙雲已消散
於將暝之眼角中　隱匿自己為
不再飛揚之微塵

生活洪流中浮沉過
命運波濤上起伏過
生存荊棘中衝撞過
是非泥沼中深陷過
情感旋渦中捲入過
死亡邊緣處往返過
如今　自豪於
一身傲骨　兩袖清風

三四好友喝茶談天說地
五六同伴朝起運動舒暢筋骨
七八袍澤偶而團聚歡敘　每感
九分滿足　十分欣慰

任皺紋在臉上開花
任老人斑在額頰身臂結實
而我朗笑在夕陽下　彩霞尾
享夜之安謐　心的溫馨
深感　能夠老　真好
　　老了真是好

一信　懷舊詩情寫真

向南方種植笑

向南、距離阡陌距離
　　距離攀著距離
南方之南
夢土上　種植我
確存在那夢土上
不是遙遠的幻
只悄悄地　用朦朧
種植自己

妳為何輕笑
三月，風也老是輕笑

時空：一九六六年農曆五月與二〇〇九年除夕
背景：四十三年前與四十三年後
人物：一信夫婦及全家福（四子、四媳、一孫女、四孫子）

我就是要乘著這輕笑去南方
　　　去南方之南
去看彩虹，也去看一個輕輕的笑

昨日午夜
憂鬱的跫音已杳
我遠眺　向南
啊！也不禁輕輕地笑了

懷舊本事

一九六六年是詩人一信最失意最痛苦最窮的一年，也是最忙碌最值得懷念的一年。那年，他熱戀論及婚嫁的女友，因女方父親省籍觀念而告吹；工作方面因言語誤會離開雜誌主編職位，到省府一個小單位作臨時人員；身體受偏頭痛及胃疾所苦。但那時他除了本身工作外，又擔任中國青年寫作協會副總幹事，又編詩刊，同時也編《世界畫刊》，日子充實而忙碌。就在此時，朋友給他介紹了一位印尼歸國求學的女僑生鄧容全小姐，她在北二女中曾與女詩人喻麗清同學且為好友。一信為了愛情，每週末搭夜快車赴台南與她相聚，再於星期日趕夜快車回台北上班。詩人的這首〈向南方種植笑〉情詩，就是當時在赴台南的火車上所寫。他的南北夜奔，加上情詩、情書，終於獲得芳心，她不顧家庭之「文人很窮」、「詩人都浪漫」……等等警告，而冒險結婚。婚後孩子先後出生，的確過了一段苦日子，而後日漸安定，終於現在安寧的過日子了。詩人讀情詩、睹舊照，思前塵、看往事，感覺到一般溫暖幸福盈滿心頭。

一信四十三年前結婚照

朽木可雕也

麥穗

傲視全球的天下第一高樓內
一堆跌跌撞撞撞進來
滿身傷痕的漂流木
在名書法家的匠心巧思下
「誠」心「誠」意的氣勢
居然站立得不遜一〇一

「誠」然隨著土石山洪
翻滾得傷痕累累
表象朽敗
其昂然挺立的雄姿
還有誰敢諷譏它
是一堆不可雕的
朽木

附記：報載名書法家董陽孜，以漂流木創作蒼勁而師法自然的「誠」字雕塑，進駐台北市一〇一大樓展出。

二〇一一年十二月二十五日
凌晨於烏來山居

月是故鄉明

——兼致陸夢墨老友

王幻

每讀這句老詞
我心深處即無自浮現
絲絲縷縷地
淡淡的鄉思……

今夜，新月如舟
我曾夢想揚帆起航
沿蕩銀河順流而下
回到海峽彼岸的老家

趁此朦朧的月色
登上蓬萊閣，造訪
八仙過海的水晶宮殿

與久違的老友把酒敘舊
然後，醉吟明月幾時有
管它換了人間
管它滄海桑田
唯金石之交終老不變！

二〇〇九年十二月三十日　於晚吟樓，
二〇一〇年二月三日，三月詩會

水的審判

——一枚橄欖葉的源流

金筑

天上的窗戶敞開了，大淵的泉源裂開了，人類開始領略雨水的滋味，暴雨也將人類撕裂破碎。四十晝夜傾盆的雨勢，氾濫成災，洪峰波波高昇，水勢浩大淹沒地球的頂，超越天下最高的峰巔，罪惡滔天的世代，捲入洪濤波浪中，沉淪湮滅，凡有血氣的都死亡了。

歌斐木造的方舟，漂漂搖搖，莊嚴雄偉的盪漾起人類永遠的希望，是世界物種的搖籃，是最古早的動物園，各種生命似乎在閃閃發光，要像天上的星，海邊的沙那樣等待繁殖綿延，遍滿地面。

四十天過去了，天上的窗戶和大淵的泉源緊閉，水勢漸漸退去。方舟內那位六百歲的挪亞，一家八口，在方舟內祈禱，渡過誅絕的懲罰。他們是人類的種子，要堅育繁衍無限的生命。

過些時日。

挪亞放出烏鴉出方舟覓食

再放出鴿子找尋落腳之地，一片漫漫泱泱。鴿子返回方舟。又過了七日，挪亞放出鴿子，探測災後的狀況，鴿子飛回，叼來一枚新擰的嫩綠橄欖葉，展示和平的標誌，幸福的象徵，是人類春天的再造。

天邊有一道彩虹昇起，紅、橙、黃、綠、青、藍、紫的亮麗華彩，是和平的誓約、見證。

那枚橄欖葉的魂影，在人世永遠青翠，等待與

「悠遠平靜悄然來臨，

毫不遲疑的夢幻與遠方連接」，（註）

連接入二〇一一年東方明珠香港的《橄欖葉》詩報。

來自遠古，綿亙嚮往，無限延長，是青春的圖騰，力動萬萬千千的回響，歡呼幸福的笑語和掌聲。

阿！來自亙古的一枚橄欖葉，綠滿……香港的大街小巷・飛皇：

引申向無垠

二〇一一、中秋

註：見文榕的〈飄香的心韻與希望〉

後記：本篇根據聖經的創世記七、八章撰寫。

編者按：選本文目的，在欣賞詩人不同於平時的寫作風格。

漂流木

丁穎

在時代的洪流裡
你載沉載浮
隨驚濤駭浪
向前奔馳，不知來自何方
也不知去至何處，沒有目的
沒有方向，滾滾滄茫
流到那裡算那裡

你原是有用之材
自許為棟樑
自許為擎天一柱
一場暴風雨的浩劫
改變了你的命運
如今，你不再是參天之木
而只是一個無根的流浪漢罷了

建國百年冬於臺灣客邸

漂流木

文林

都是無家的棄兒
無奈的流浪
沿途盡是咒罵
怨我們阻塞了河川

都是無家的棄兒
漂泊出不同的命運
有人被撈起
送進柴房
有人被揀出
做成根雕

都是無家的棄兒
相同

是我們漂流的無奈
不同
是我們被選的命

飲春酒

蔡信昌

來來趁那花燈繽紛時節
飲一杯青春年代
喝一口熱血英豪

來來趕那春華滿心飛舞
飲一杯青壯時光
喝一口悟道豁達胸懷

來來詩友揮別俗世
暢飲人生旅程
笑歌纏綿悲歡離合

二〇一〇年三月五—六日　初稿蔡信昌作於台北

編者按：評論會時，眾皆公認這一首詩是信昌兄歷來最好的作品。

漂流木

潘皓

一九四七年隆冬
當徐蚌會戰
自冰天覆蓋之地層下爆發
茫茫雪涕
頓成烽火離愁

而我，為著逐夢
冒險突破了
彈片滴落若星雨般的阨境
就匆匆地
幻為雲海飄蓬

於是跨越石頭城
黃昏的泣血

錢塘江窒息的驚恐乃經由
巴士海峽
飄到福爾摩沙

如今，要挑戰的
是從這島上
縱身於太陽系外，去探究
名克卜勒
那另一顆地球

後記：美國太空總署（NASA），於本月初已證實在太陽系外，距離地球約六百光年處，有一顆名叫克卜勒（Kepler-22b）行星，表面溫度約有22C，而且上面有水陸及大氣層，可讓生物存活。

二〇一一年十二月二十八日　於臺北哲思工作室

秋風

涂世澤

秋風吹奏一曲秋的旋律
吹奏出豐收的碩果
成熟的絳紅一金黃
沉甸甸地遍地琳琅

她梳下了凋落的樹葉和花瓣
把它們撒遍大地
秋雨再把它們化作淨土
重新調和成泥土的色彩
再重新構思明春的斑瀾

她使幽靜的綠水
在秋陽下輕晃
泛著粼粼的波光

岸邊蘆花瑟瑟的響

她吻我的領，撫摸著我
使我全身感受涼爽
要我用心對人生新的構思
我的視線，隨著在空中
盤旋的鷹
一團一團向天空飛升

二〇一〇年九月四日

敬悼張師夢機教授

涂世澤

病中忍痛樂傳薪，囑寫詩篇重創新。
受教三年風化雨，初研拗救略知津。

其二

三千桃李出名門，授課情真語亦溫。
面對病魔仍蘸墨，新詩應與世長存。

其三

藥樓驟見音容杳，一代詩豪鶴駕迎。
應是修文天際去，不能磨滅是嘉名。

龍飛鳳舞

雪飛

春已邁開腳步
來到人間，雙手打開了
天空的舞場
在藍天白雲的舞場
晴天有陽光送來溫暖
晚上有星星月亮伴奏舞曲
為龍飛鳳舞派對
增加了雄壯而美的情趣

龍飛鳳舞
勿論是跳探戈
或 cha-cha-cha 的音樂舞蹈
都有龍騰虎躍
非常靈活的雄壯威武

舞出了龍的高貴
鳳的溫柔多情

唯有龍與鳳的派對
能將愛與美，充分展現
讓人類可享受到
真正，藝術的幸福……

二〇一二年二月十日

沙漏

童佑華

一

任怎樣翻轉
流失　乃
命中註定
日復一日　月復一月
一年　又一年　爭與時間　對決

大漠極處
　　嬝嬝孤煙
不知那老漢行囊裏
還剩下多少個冷硬的　窩窩頭
可資餘途　啃食

二

生命如沙漏
反正都將　流走
就不再計較顛倒是非了

一沙　一世界

卻將這飄渺　生之涯
鎸鏤成無限瀟灑
風
　飛
　　砂……

二〇一一年二月七日
農曆辛卯兔民國一百年二月七日大年初五完稿

春酒

許運超

管他初一　十五
管他三五好友　四六親戚
新春裡來來往往都是貴客
擺上一壺酒　猜三度四
不理輸贏不設鰲頭
這杯酒　喝下去
就見詩章

酒罈子

我說的是實情不是誇你的酒量好
你那富態的寬肚子
裝得滿滿的佳釀
在罏上似坐似蹲

好大的一張臉倒貼一個春字
想起水滸裡梁山漢子魯和尚
喜歡舉起它對著嘴
往喉嚨裡咕嚕咕嚕的
春酒 春酒

二〇一〇年三月一日

謝輝煌短詩選

夜讀戰史

謝輝煌

風吹風
沙吹沙
滿天風沙
簇擁一團團冷豔的雪花
裝點古城內外的屋瓦
枯樹上　不見冒充新葉的烏鴉
荒山下　不見迎春送喜的綠芽
火熱的圍城裡哦
飄出一鍋鍋
眼淚和戰馬熬湯的濃香
香得「風吹茶花對郎說」的情歌
從此失去了幫腔

二〇一二年一月二十五日　初三作

牛皮

八千大千
頂著一張牛皮
飛渡黃河　越野長江
空降天鵝常來戲水的雁蕩
普渡兩百萬株詩苗
扶風披雨過重洋

二〇一二年一月二十六日　作

狗腿子

一塊碎骨的酬勞
也拔起狗腿子就跑

時間就是金錢嘛

就憑這點絕技
養活了一窩沒爹的小寶貝

二〇一二年一月二十六日　作

貓耳朵

粉潤的　婉約的
笑成一隻迷人的詩眼
水汪汪的向人推銷
八萬四千個色相

管他白貓黑貓
從凌晨就饑餓三百了
十萬八千條色戒
擋不住

我們的親熱與和諧

二〇一二年一月二十六日 作

風景

是誰
砍幾個大詩人的腦袋
割幾串黑黃的詩穗
裝設景福門前人行道上的風景
石板不是古城的石板
偶而有高跟如胡馬的鐵蹄敲過
篤篤
不是天上掉下來的仙果
是鐮刀扁擔敲打出來的山歌

二〇一二年一月二十八日 作

雞眼

磨血　磨淚
磨肉　磨皮
磨命啦
磨出一雙有釘子的眼睛
盯著你的雙腳
像敵人潛伏的偵探
像高頭派來的跟班
盯得你寸步難行
盯成了
你恨得牙癢癢的眼中釘

二〇一二年一月二十九日　作

收攤

傅予

裸奔在我書架上的，是一隻
燃燒自己生命靈魂的〈螢火蟲〉
牠在尾巴上輻射出一道微弱的光芒
發亮在我這個小小庭院中的
一個小小角落裡

一二三個跳躍在啞弦上的音符
是在牛舍的週遭繞樑三匝
劃最後一根的火柴吧，仍點燃
那一二三顆燃燒的靈魂，燒成——
一二三顆形而上看不見的舍利子，讓它
在一個環保的屍袋裡找到了安息

有誰聽過伯牙和鍾子期的故事

有誰聽過那一聲斷弦裂帛的絕響
有誰聽過高山流水潺潺的旋律，在
演奏一支大自然的交響樂曲，宛若
天籟的聲音在這人間迴盪

一個兩手空空的布袋和尚
佇立在海市蜃樓裡梵唱，他
卻不知道這個酒店早已打烊

註：「一二三」指〈螢火蟲〉詩集上的一百二十三首詩篇

二〇一一年四月二日　修正於望月樓

盼．因為陽光

關雲

【寫詩心得】

寫詩是一種修養、修心養性、自自在在的一種玩法……詩裡行間有莫名其妙的可愛，喜怒哀樂不同的表現方式，不問可愛與否深動與否的原因，只要在你我他，周遭的感情圈圈裡有一點兒莫名的怦然心動，詩花就綻放了。

【盼】

是歲月疊成的微笑
搖醉放飛的心靈
以及唱響著兩岸的心橋

【因爲陽光】

散步的雲
以銀鬢迎笑臉

老阿媽無形的金身
不時馱著背子然獨行著
源自每天的苦日子仍要佯裝著
熱烘烘暖洋般的笑容
最終還是揮揮清風的薄衫
兒孫自有兒孫福咧——

註：我很容易被老人家的燦爛笑容吸引住，我一直以為她年老必定含飴弄孫，安享餘年。隨知抖出來的竟是只有每月很緊的老人金，自己必須摳門著用；可是鄰舍傳來的風聲並不佳，她很矮、背很駄，有時向人周轉些許，下個月再以老人金還人家，我還是忍不住老想著這樣的問題——因為人都會風燭殘年呀！

現在未來過去

林靜助

遠眺連綿的山峰
之後還有連綿的山峰
極目所見　是一種未知的未來
昨日的晨曦從東邊竄出
時刻已成過去
今日的晨曦軌跡依然
現在就是昨日的未來
亙古的單細胞藏匿未來
生命的新陳代謝　周而復始
連綿著現在的過去　未來的現在
當現在也是未來的過去
逝者如斯　我們老去
卻又重生

二〇一〇年十二月四日 三月詩會

狼跋新作

狼跋

夢中想你也會笑

像情人　讓人心動
像父母　時時需要
失去　人生了無意義
得到　地獄變成天堂
奮鬥希望理想抱負
似可因你實現
無論何人
夢中想你也會笑

統一發票的怪現象

第一次加油　只要一點點

轉個圈　再加一點點
轉個圈　再加
來來回回數十次

逛超商
每樣分開算
一堆肥皂的一張
豬、魚各一張
只為累積
　　統一發票
當獎額忽變千萬

二〇一一年十一月二十八日

金錢二首

台客

金錢

它是財富的代表
它是身份的象徵
有了它抬頭挺胸走路有風
沒有它失魂落魄窮途潦倒

有人為了它
不惜壞事做盡瑯鐺入獄
更有人為了它
犧牲健康甚至於性命

有人笑說它是身外之物
更有人瀟灑的視它如糞土

但絕大部分人認同它雖非萬能
但無它則萬萬不能

說錢

你想發財嗎
那麼請從戔戔小數存起
你想變窮嗎
那麼不妨揮金如土

它好像長了翅膀的小鳥
很容易就會飛走
故常聽人們感嘆
要抓住它們比什麼都難

顯微鏡下顯示
它們經常很髒很髒
但有誰會嫌棄它
無不把它「攬條條」（註）

有人善於利用它
博得美名流芳百世
有人不善利用它
為人恥笑遺臭萬年

坊間流傳一則俏皮話：
「用得到的是財產，
用不到的是遺產。」
朋友，您選擇哪一種？

註：「攬條條」係台語發音，國語「抱緊」之意。

五台山塔院寺轉大法輪

陳福成

光陰把我們
打的
像一個陀螺
昏頭轉向
向何方

一陣風吹我們到五台山
轉動生命的法輪
盪漾著歲月的彩霞
激灩的光影中
看見自己輪迴轉世而來

終點在那裡？

繁華落盡的明天
誰看得見自己的容顏
可如珠圓玉潤的轉動
此刻，你是否已明心見性

二〇一一年秋遊五台山偶感
十月一日三月詩會習作

相約廿一世紀——送別鳳姐

走在這條燦爛的路上
她突然無預警的被告知
這裡就是盡頭了
她默默承擔、靜靜的接受
不把感傷帶給任何人

就要通過炙熱的「蟲洞」之際
她憶起這不長也不短的人生
六十年
活的快樂
過的精彩
算是完成了人生的春秋大業

如今要再度啟程
穿梭進入另一個世界
不帶行李　也沒有行頭
為轉世之輕便
火葬場的高溫有助於焠煉
使靈魂昇華

把那層空殼脫掉
放下了一切
連心愛的一頂頂帽子也放下
只帶走一個心願
來不及唱的歌　未辦的演唱會
都在來世獻給你
雖然一切以簡約為原則

還是要打扮的美美的
這是身為一個成功藝人的責任和體貼
如同做一個節目那樣用心細心
美容師用一種特別的化粧品
掩飾住病容的荒涼

那火燒的越來越熱了
沒關係
燒的只是那具已經告別的軀殼
那具軀殼和我搭檔了一輩子
真的是最佳拍檔
現在也要放下

火勢已然快要燒盡
當一切都成了灰花

便是鳳姐的昇華
是鳳姐的轉世成功
妳將開始準備另一場盛大的演唱會
就在廿二世紀一開始
我會預訂門票到場聆聽天后的歌聲

小註：敬重的藝人鳳飛飛走了，不久前才與妻聽她的演唱會，怎說走就走了。以詩送她，並與她相約在廿二世紀的演唱會。這首詩我先在三月詩會提報，再發表於「世界論壇報」及「葡萄園詩刊」，今年（二〇一二）五月廿一日，我在「台大退休人員聯誼會」有一場老歌吉他歡唱會，也當場在彈唱完鳳飛飛的歌後，當場朗讀給大家聽，眾皆感動並獲好評。

附錄：詩路風雨行

——《第五季的水仙》大陸版自序

丁　潁

我是個生活恬淡的人，但興趣卻是多方面的。游泳、騎馬、打球、養小動物，都是我喜愛。寫詩也是我生活的一部分。隨著歲月的流逝，人生的季節已跨入冬的邊緣，過去的興趣與喜好，均漸離我遠去，唯獨對詩還是一本初衷的執著。雖然近年俗務羈身創作不多，但在百忙中我還是不能忘情於詩。雖然生命自燦爛歸於平淡，而詩仍是我心靈唯一的慰安。

小時候並未想到要做一個詩人，只是想做一個懸壺的醫生，原因為先慈患急症因請不到大夫而去世，這件事給我小小心靈烙下沉痛的記憶。對詩發生興趣，大約是十歲左右，偶讀章回小說《雪鴻淚史》，以及稍後讀《紅樓夢》，深為書裡詩詞所感動，後來又讀唐詩宋詞，更加深我對詩的喜愛。八年抗日期間，我流亡負笈在外，偶有塗鴉，只是一個大孩子思鄉的告白。那些不成熟的作品，隨寫隨擲，很少保留。真正寫詩，是一九四九年到台灣後，由於人地生疏，語言不通，加上現實生活的困苦，處在這樣一個陌生的環境，心靈的苦悶與思鄉情懷，只好借筆墨以發泄。所以那一段時日詩作特別豐富，其題材和內容除青年人追求的愛情，就是一個浪跡天涯游子的鄉愁！我曾在自己早期《文拾集序》裡這樣寫著：「苟性命於亂世，閑以詩詞自娛，偶有操觚，乃抒異鄉之情懷，慰客邸之寂寞耳！」

我這幾句話可窺見我寫詩的心路歷程。

我的詩嚴格地說，大致可分三個時期。早期的作品仍未脫傳統詩的手法，在形式上大多是屬於商籟體的十四行詩，而且都押腳韻，甚至有時還寫些古體詩的長短句。這時期的作品大多收在我第一本油印詩集《不滅的殞星》裡。五〇年代我的詩風格上有所改變，即捨棄韻文工具，改用散文工具寫詩。這一時期的作品，大都收在《第五季的水仙》這個集子裡。七〇年代以後，我因經營藍燈文化公司，每日忙於「扎頭存」，兼為報刊寫詩評，而完成的詩作不多，在僅有的二十餘首作品裡，所呈現藉風貌均與往日不同。收在這個集子裡的《雪戀》、《盧山之夜》等即是其中的數首。

台灣被異族統治五十年，光復之初，文壇可說一片荒蕪，被識為文化沙漠，一九四九年後大陸上一些作者，渡海來此耕耘，給台灣文壇注入一股新血。那時大家生活清苦，但對文藝的追求熱情洋溢，省吃儉用，辦文藝雜誌，出詩刊，一時如雨後春筍，蔚為風氣。我和幾位詩友辦的《明天詩訊》詩刊，無錢印刷，而刻鋼版油印，可見那時青年人對詩歌藝術追求的狂熱。到五十年代中期，海島詩壇已是一片欣欣向榮，紀弦創辦現代詩，籌組現代派，倡導現代主義，新詩發展到達高潮，在現代風席卷海島詩壇時，我被列入現代派名單之首。現代派在創泉形式上給了我一些啟發，而在詩質上影響我並不多。現代派標榜的詩觀：主張橫的移植，強調知性，揚棄傳統及抒情。但我認為在創作形式上及表現手法上，可脫離傳統詩的窠臼，而詩的內涵揚棄中國詩的精髓，是值得商榷的。尤其在創作過程中，要作者完全揚棄感情也是不可能的。任何一首作品，如沒有作者的感情存在，那即是一堆沒有生命的冰冷文字，無論這首詩理念多麼崇高，形式多麼完整，也只是作者思想的告白，它的感人度及可讀性是值得懷疑的，因為詩畢竟不是哲學。所以我的詩抒情遠超過知性的表達，讀者可從這個集子裡的作品窺其梗概。

現代詩熱潮，在島內風行一時，但後來漸走入歧途，出現一些不知所云的「偽現代詩」，引起諸多詬病，現代詩幾乎變成了文字障。紀弦在痛心之餘，遂宣佈解散現代派。我認為中國詩，借鑒西方創作上的表現手法及技巧未嘗不可，內容上仍應表達中國的民族精神及愛國思想。我們生長在這片土地上，那麼這片土地上一切人與物，都與我們息息相關，作為一個詩人，自不能離群索居，應關懷這片土地，愛生活這片土地上的人們。也們的悲苦哀樂，亦正是詩人寫詩的好素材。所以我和高準、郭楓等詩友，共同創辦了《詩潮》詩刊，可惜的是這本詩刊自呱呱墜地，就引起一場文化風波，因之也揭起了鄉土文學論戰的序幕。我在《詩潮》創刊號上的兩首作品，遭到誣陷性的無情批判，就是收入這個集子的《春醒》及《春的感知》。雖然《詩潮》第一期　到查禁的命運，但我們屹立不搖，堅持我們的信念：詩人愛自己的祖國與人民應是無罪的。現在証明我們的主張是正確的。三年前隔離四十年的海峽兩岸開始往來，不久的將來分裂的國土總是會統一的，歷史的傷痕，會因著詩人的愛心而癒合。時間證明我們不是「狼」，我們只是一群具有民族文學良心的赤子。

中國新詩，自五四西風東漸，新文藝思潮，一時風起雲湧，胡適的《嘗試集》面世以後，徐志摩、戴望舒、李金髮等人，相繼引進西方的諸流派，這一思潮自一九四九年以後，一分為二在海峽兩岸各自有所演變，經過四十年的流程，兩岸之間顯然有著不同的差異。目前兩岸開始交流，但願不久的將來，兩岸文學在民族感情的凝聚下，融匯合流為一。近年來台灣出版了不少大陸作品，大陸也出版了不少台灣作品，這在促進兩岸文化交流及人民感情，起了很大作用。惟在新詩集方面出版卻不多，大概是由於詩集的銷路有限吧？我這個集子能得以在大陸和讀者見面，主要得感謝中國友誼出版公司董偉康及劉宗漢兩位先生的協助。

如果我這個集子能帶給大陸讀者一份喜悅，使大陸文藝界對台灣詩壇更多一份了解，以促進交流，而增進情誼，這就是我最大的心願和希望了。

編者按：本文作者為台灣名詩人，現為開封大學名譽校長。著有《西窗獨白》、《南窗小札》、《白色日記》、《濁流溪畔》等作品。

小　註：本文曾刊於《開封大學學報》，一九九五年第二期。

三月詩會詩人小檔案

（前三月詩會詩人及現在三月詩會詩人，見《三月詩會研究》一書，今僅編入二位新進者。）

台客小檔案

台客，本名廖振卿，一九五一年生，台灣省台北縣人。國立成功大學外文系畢業。現為《葡萄園》詩刊主編，台灣中國詩歌藝術學會常務理事。自大學時期即開始寫詩，迄今已近四十年。目前已在兩岸三地出版有詩集《與石有約》、《星的堅持》、《台客短詩選》等十部。詩論集《詩海微瀾》一部，散文集《童年舊憶》一部。主編《百年震撼》（台灣九二一大地震詩選集）、《不惑之歌》（葡萄園詩刊四十雕年詩選集）、《詩藝拾穗》、《詩藝浩瀚》、《詩藝天地》（中國詩歌藝術學會會員詩選集）共五部。

游秀治小檔案

原名：游秀治

筆名：狼跋

簡歷：淡江大學中文系畢，曾任出版社編輯助理、屏東「勝利之家」之特教老師，現任公職。曾參加八十三年高雄市政府舉辦之「愛河尋夢」徵文比賽，獲優等獎；現為「中國詩歌藝術學會」、「紫丁香詩刊」及「三月詩會」之社員。著有「時空之樹」一書，內含「你的背影」、「掉頭髮」、「悲淒的中秋夜——紀念九二一大地震」等詩；另譯有「台北新貌」、「聽」、「初雪」等詩，分別刊登於自由時報、中華日報、青年日報等報社，且亦刊載於高屏澎湖牙醫師刊物、台北縣牙醫師公會月刊、詩藝青空、詩藝飛揚、詩藝浩瀚及紫丁香詩刊等刊物。